사이코드라마
ACTBOOK

참만남, 공감 그리고 잉여현실
· Encounter, Empathy, Surplus Reality ·

학지사

추천사

『사이코드라마 ACTBOOK』의 출간을 앞두고 나는 김주현 선생의 노력을 진심으로 추천하고자 이 글을 쓴다. 사랑하는 후배이자 제자인 김주현 선생은 정신과 전공의 시절부터 용인정신병원의 사이코드라마 팀에서 열과 성을 다해 헌신적으로 일했던 사람이다. 그 당시의 그의 경험과 열정으로 1995년부터 현재에 이르는 28년간 많은 노력을 기울였던 몇 안 되는 사람 중 하나이다.

이 책은 사이코드라마에 대한 기초적이고 핵심적인 내용을 다루고 있으며, 실제 사이코드라마를 액팅아웃하는 과정에 대한 폭넓고 요긴한 책이 될 것으로 나는 생각한다. 김주현 선생이 보여 주었던 출판 과정 전반에 걸친 그의 전문성과 주제에 대한 깊은 이해와 열정을 책을 읽어 나가며 한 땀 한 땀 느낄 수 있어 즐겁고 행복했다. 김주현 선생이 그동안 보여 주었던 드라마에 대한 이력을 살펴보면, 정신과 전공의를 수료하고 용인정신병원을 떠난 뒤로도 정신과 전문의로서 임상 현상에 머물면서 현재까지 꾸준히 사이코드라마를 진행해 왔다. 그리고 그는 한국임상예술학회의 회원과 임원을 거쳐 회장이 되기까지 사이코드라마의 이론과 실제에 매우 충실했음을 알 수 있다.

오랫동안 사이코드라마 분야에 헌신했을 뿐만 아니라 한국임상예술학회 회장으로 봉사하면서, 김주현 선생은 학회의 발전을 위해 노력하였고 또한 체계적인 사이코드라마 디렉터 양성 교육 시스템을 확립하는 데 힘을 쏟았다. 그런 결과물이 바로 임상 사이코드라마 디렉터 교육과정이다. 후학을 키우고 개인 연구소를 설립하여 사이코드라마 무대를 만드는 등 중단 없는 그의 열정을 바라봐 온 선배로서 오랫동안의 노력을 한 권의 책으로 엮어 낸 그의 노고를 치하하며 『사이코드라마 ACTBOOK』을 진심으로 추천하는 바이다.

김수동
(용인정신과의원 원장, 전 한국임상예술학회 회장)

머리말

　사이코드라마를 처음 만난 것은 1995년 7월이었다. 그 당시 나는 정신과에 갓 입문한 전공의 1년차 새내기였고, 정신과 수련에 매진하기에도 벅찬 시기였다. 전공의 수련 첫 학기를 끝내고 잠시 방학을 맞이한 7월에 나는 운명적으로 사이코드라마를 만났다.

　내가 정신과 전공의로 수련을 받고 있던 용인정신병원에서는 그즈음에 우리나라 최초로 '일반인을 위한 사이코드라마 공연'을 기획 중에 있었고, 병원 밖에서 진행되는 대규모의 무료 공연이었기에 병원 차원에서 많은 지원이 있었다. 그중에서도 사이코드라마 공연의 원활한 진행을 위해 상당수의 전문 인력이 필요했는데, 당시 진료 부장이자 사이코드라마 디렉터였던 김수동 선생님은 전공의 중 스태프로 일할 자원자를 모집하였다. 용인정신병원에서는 이미 환자 대상의 사이코드라마를 매주 진행하고 있었지만, 이때까지만 해도 전공의들은 사이코드라마에 전혀 개입하지 않던 시기였다. 평소 심리학과 역사학, 문화인류학을 비롯하여 영화 연출에도 관심이 있었던 나는 자연스럽게 사이코드라마의 스태프로 자원하게 되었다.

그 당시 용인정신병원의 사이코드라마 팀에는 연극배우들도 함께 참여하고 있었는데, 보조자아로 참여해 오던 연극배우이자 '대학로 극장'의 대표였던 정재진 님의 도움으로 '대학로 극장'을 임대하여 공연을 쉬는 매주 월요일 저녁 7시에 사이코드라마 공연을 올릴 수 있게 되었다. 환자를 대상으로 진행하는 사이코드라마도 경험해 보지 못한 상태에서 나는 일반인을 대상으로 하는 생동감 넘치고 보다 연극적인 사이코드라마를 먼저 경험하게 되었다. 시민들의 관심과 호응도 좋아서 공연을 거듭할수록 관객 수는 늘어났고, 급기야 객석을 꽉 채우고도 계단에 서서 관람하는 상황까지 발생할 정도였다. 이렇게 두 달간의 사이코드라마 공연은 기대 이상의 큰 성공을 거두고 막을 내렸다. 나는 두 달간 사이코드라마의 보조 인력으로 참여하면서 일생일대의 강렬한 경험을 하였고, 이후로 지금까지 사이코드라마는 나의 인생에서 빼놓고 이야기할 수 없는 매우 중요한 영역이 되었다.

이후 매주 월요일 오후에는 원내에서 김수동 선생님께서 연출하는 사이코드라마에 지속적으로 참여하였고, 보조자아를 필두로 본격적인 사이코드라마 디렉터 훈련에 입문하게 되었다. 사이코드라마 공연을 전후로 이어진 사이코드라마 팀의 이론적 학습과 훈련에 매진하던 때, 팀원들을 대상으로 디렉터로 사이코드라마를 연출할 기회를 얻을 수 있었는데, 이는 오늘날 내가 디렉터로 성장하는 출발점이 된 경험이었다. 그 당시 사이코드라마 팀은 다수의 간호사와 소수의 사회복지사, 연극배우들로 구성되어 있었고, 그들과 함께 수없이 많은 논의를 거쳐 가면서 사이코드라마를 진행하였으며, 그 시간들은 디렉터로서의 역할과 준비에 대해 열정을 가지고 깊이 고민할 수 있었던 소중한 시간들이었다.

사이코드라마에 입문한 이후, 나는 18개월 동안 원내 사이코드라마에 꾸준히 참석하며 교육과 훈련을 받았고, 김수동 선생님을 대신하여 병원 사이코드라마를 진행할 수 있는 기회도 가질 수 있었다. 그러던 중, 김수동 선생님께서 미국으로 1년간 연수를 떠나시면서 3년차 전공의였던 내가 디렉터를 맡게 되었다. 18개월간의 경험을 바탕으로 김수동 선생님께서 세우고 이끌어 오신 사이코드라마의 토대를 굳건하게 유지하는 것을 목표로 두었으나 그 빈자리를 채워 나가는 것은 여간 힘든 일이 아니었다. 그럼에도 불구하고 나는 1년의 시간을 보내면서 보다 주도적인 디렉터의 역할을 단련하였다. 원내 사이코드라마의 진행은 물론이고, 그 당시에 막 시작된 지역사회 정신보건사업의 일환으로 서울의 모 고등학교에서 '약물 남용 예방을 위한 사이코드라마'를 진행하면서 지역사회 기반의 사이코드라마에도 관심을 가지게 되었다.

용인정신병원을 떠난 후, 서울에서 정신과의원을 개업하고 곧장 사이코드라마 동호회를 만들었는데, 그 당시 유행했던 유니텔(unitel) 내에 사이코드라마 동아리를 설립하였다. 그때 모인 사람들과 함께 만든 첫 사이코드라마 그룹이 '거울과 가면'이다. 대학생과 일반 직장인, 그리고 연극배우를 주 구성원으로 하여 격주로 스터디를 하고 사이코드라마를 시연하는 작은 모임이었다. 이 모임을 기반으로 나는 중단 없이 사이코드라마를 공부하고 훈련할 수 있었고, 나의 스승이신 김수동 선생님을 비롯하여 용인정신병원의 사이코드라마 팀, 거울과 가면 팀, 여러 형태의 사이코드라마 팀원들과 함께한 배움과 탐구의 시간들은 내 안에서 사이코드라마의 체계를 다지는 기반이 되었다. 김수동 선생님과 사이코드라마 팀원들은 언제나 나에게 스승이자 멘토였다.

심리극 동호회 '거울과 가면'은 한 걸음 나아가 심리극회로 명칭을 수정하였고, 다시 수년 후에 사이코드라마의 기본 도구인 역할연기(role-playing)를 강조하는 상징적 의미를 담아 'ACT 심리극 연구소'로 발전하였다. 일반인 대상의 사이코드라마를 본격적으로 시작한 것도 이즈음부터이다. 서울 종로에 위치한 소극장을 임차하여 매월 1~2회 '심리극 공감 워크숍'으로 토요 사이코드라마를 운영하였다. 또한 6~8회기로 운영되는 작은 규모의 심리극 연출가 교육과정을 개설하였고, 에니어그램과 접목하여 '에니어드라마'라는 새로운 명칭을 만들어 과정을 운영하였다.

그러던 중, 김수동 선생님께서 한국임상예술학회 회장으로 추대되어 학회 재건을 추진하면서 학회의 임원으로 참여하게 되었다. 사이코드라마를 포함하는 한국임상예술학회는 한때 매우 활발한 활동을 하였으나 한동안 구심점 없이 표류하는 시기를 보냈기에 학회 재건이 절실하던 때였다. 2014년부터 2019년까지 부회장으로 시작하여 회장의 중책을 맡아 5년간 학회를 다시 세우는 데 힘을 쏟아 부었고, 그 시기에 함께 동고동락한 강상범, 이용진 선생님이 뒤를 이어 각각 한국임상예술학회 회장으로 학회의 발전을 위하여 애써 주셨다. 특히 전문적인 사이코드라마 디렉터를 양성하고자 발족한 '임상 사이코드라마 디렉터(Clinical Psychodrama Director: CPD)' 교육과정의 교육자로서 나와 함께 후학들을 가르치고 성숙한 디렉터의 모델이 되어 주셨다.

2016년부터는 한국에니어드라마연구원(Korean Institute of Enneagram & Psychodrama: KIEP)을 운영하면서 사이코드라마와 에니어그램을 양대 축으로 하여 교육과 훈련, 그리고 치료의 장을 만들어 가고 있다. 특히 에니어그램 부문은 에니어그램과 의사소통, 그리고 정신건강 분야에서 오랜 기간 경험과 숙련의 시간을 가진 정신간호학 박사 손봉희 원장이 책임지고 이끌고 있다. 손봉희 원장은 나와 같이 인생의 길을 걸어가는 아내이기에 더욱 고마움과 미안함을 동시에 가지고 있다. 병원 진료와 사이코드라마로 주중과 주말을 가리지 않고 늘 동분서주하면서 지난 30년 가까운 세월을 보내는 와중에도 싫은 소리 한마디 없이 지켜봐 주고 지지해 주는 정말 든든한 우군이다.

올해로 내가 사이코드라마에 입문한 지 만 28년이 되었다. 1995년에 사이코드라마와 인연을 맺은 이후 지금까지 중단 없이 무대에 섰고, 많은 스승과 동료, 그리고 마음이 아픈 사람들의 많은 사연과 함께해 왔다. 병원과 소극장, 그리고 강의실 등 주어진 환경에서 다양한 집단과 사이코드라마를 진행해 왔다. 그동안 많은 만남이 있었는데, 그 만남들은 하나같이 나를 성장시켰다. 내가 익혀 오고 경험한 사이코드라마의 실제를 독자들과 함께 경험하고 나누고 싶었지만, 나의 게으름과 나약함으로 늘 머릿속에서만 머물던 사이코드라마를 이제야 책으로 발간하게 되었다. 28년 동안 쌓은 사이코드라마에 대한 경험과 지혜를 글로 옮기는 것은 생각보다 어려웠고 답답한 과정이었다. 집필을 시작한 이후에도 여러 번 긴 공백기가 있을 정도로 시간적으로도 집중하기 어려운 여건이었다. 그럼에도 불구하고 한 줄 한 줄 써 내려간 내용들이 드디어 완성이 되어 세상에 나오게 되었다. 하나의 사이코드라마가 완성이 되기 위해 갖추어야 하는 것이 무엇인지를 생각하며, 디렉터와 보조자아에게 실무적인 가이드가 될 내용을 만드는 데 주력하였다. 또한 심리학에 관심이 있는 일반인도 이해할 수 있도록 실제 진행한 사례들을 주제에 맞게 쉽게 풀어 쓰기 위해 노력하였고, 이론적인 설명을 위해 앞서 사이코드라마의 이론을 세워 온 전문가들의 저서를 참고하였다.

『사이코드라마 ACTBOOK』은 사이코드라마의 가장 중요한 표현 요소인 행위(ACT)를 중심으로, 철학과 원리 그리고 실행 규칙(ACT)과 사례 등을 요약하여 기술한 사이코드라마 실전 진행을 위한 교본(ACTBOOK)이라고 할 수 있다. 첫 출간의 미흡함이 여전히 존재하지만 부디 이 책이 공감과 연결 그리고 치유의 사이코드라마 무대를 만들어 가는 데 디딤돌이 되어 주길 간절히 기원해 본다.

2024년 2월

김주현

차례

6장 사이코드라마 기법 탐구 • 127

사례
목차

1장

사이코드라마의 원리

Psychodrama

1. 왜 사이코드라마인가

'광속'으로 변해 가는 사물과 가치관들이 혼재해 있는 현 시대는 우리에게 그 어느 때보다도 빠른 적응력과 결정을 요구하고 있다. 특별히 우리 사회의 '빨리 빨리' 문화는 쉽게 열광하고 또 쉽게 식어버리는 사회문화적 분위기를 선도해 왔고, 그 결과 즉각적이고 빠른 행동력을 더 가치 있게 여기는 인식이 팽배해지면서 시대적 조류에 빠르게 대처하지 못하는 사람들은 인정받지 못하고, 사회적으로 소외되어 가는 것이 현실이 되었다. 이와 같이 사회적 편견과 스트레스의 일상화는 심리적인 기능 저하와 부적응적 행동을 야기시켜 왔고, 사회적인 문제로까지 대두되고 있다. 그러나 다행스러운 것은 심리적인 기능 회복에 관심을 갖는 사람들이 서서히 증가하고 있다는 것이다.

심리적인 문제에 관심이 증가하였다는 것은 국가의 전반적인 경제와 교육수준이 높아졌음을 말해 주는 것이고, 사람들이 생존의 문제에서 상당히 자유로워졌다는 것을 의미한다. 2010년을 전후하여 나타난 인문학 열풍도 이와 무관하지 않은 현상이다. 인문학 열풍과 더불어 융합 학문에 대한 비중 있는 인식의 증가는 전문가 집단은 물론이고, 일반 대중의 관심 영역까지 바꾸어 놓았다. 이공계 전문가들의 연수교육에서 역사나 인문학적 지식, 예술과 같은 주제를 다루는 것은 이제 낯설지 않다. TV 예능에서 다루는 역사나 심리학, 인문학 특강은 교육방송의 전유물에서 벗어난 지 오래이며, 대중들의 관심 분야가 인간과 사회 그 자체의 탐구로 변화해 가고, 나아가 삶의 의미와 자기정체성, 인간관계 등에 대한 관심과 높은 요구로 확대되면서 대학인문학부터 시민인문학,

실천인문학에 이르기까지 광범위한 확산의 배경이 되고 있다.

그 결과, 문학, 철학, 심리학, 사학과 같은 인문학적 관심이 사회 전반에서 눈에 띄게 증가하였다. 인문학을 얼마나 잘 수용하고 적용하느냐 하는 것이 선진국의 관문이라고 하는 이유가 납득되는 대목이다. 누구 한 사람의 영향력이라기보다는 사회 전체가 이 모든 것을 스펀지처럼 흡수해 가는 것을 볼 때, 이것은 현상이 아니라 필요한 공급이었던 것으로 보인다.

2000년대 이후 공교육에서부터 시작된 학생들의 성격·심리적 특성에 대한 검사, 지도, 상담 등에 대한 적극적이고 지속적인 관심도 심리적인 문제에 대한 지식 증가와 인식의 변화를 가져오는 데 적지 않은 영향을 끼쳤다. 학생들은 자신의 문제를 감추기보다는 해결의 과제로 인식하게 되었고, 소수자, 다문화가정, 장애우 등을 이해하려는 노력이 공교육의 틀 안으로 들어온 것 역시 다양한 인간을 이해하는 기반이 되어 왔다. 또한 심리상담 방송 프로그램도 진화하고 있다. 대중들이 훨씬 더 공감할 만한 주제와 솔직하게 자신을 이야기하는 스타와 일반인들의 이야기는 대중들의 공감을 이끌어 내면서 심리적 문제의 원인, 치료에 대한 개방적 인식의 전환에 영향을 미치고 있다. 여기에 전국적으로 활성화된 지역사회 기반의 정신건강 복지사업에 의한 홍보, 교육, 직접적인 서비스의 효과도 빼놓을 수 없다.

이와 같이 인간의 서로 다름을 이해하고 마음이 아픈 것을 치료나 해결의 영역으로 수용하려는 우리 사회의 인식은 괄목할 만하게 변하였다. 나아가 일반 대중들은 자신의 심리문제 해결에 적극적이고 자발적인 경향성을 띄기 시작하였다. 이러한 사회문화적 분위기 속에서 사이코드라마는 특유의 창조성과 자발성으로 스스로 문제를 구별하고 해결하기 원하는 대중들의 요구에 부응하는 치료적 접근으로 받아들여지고 있다.

사이코드라마(psychodrama)는 미국의 유태계 정신과 의사인 제이콥 모레노 (Jacob Moreno)가 창시한 즉흥 연극이자 치료이다. Moreno는 제1차 세계대전과 정치적 이념이 들끓던 시대를 살면서 자신의 역할을 고민하였고, 소모적인 정치적·사회적 논쟁보다는 전쟁 난민을 위해 캠프를 세우고 고통받는 사람들에게 더 관심을 가졌다. 자신이 그저 개인의 건강과 고통을 치료하는 데에만 관심을 가진다면 의사라고 불릴 자격이 없다고 생각한 Moreno는 인간은 모두 자발성과 창조성을 가지고 태어나며, 이 두 가지는 인간 개개인과 사회 건강의 원동력이라고 생각하면서 사회를 치료하고 그 사회 속의 개인들을 치료하는 것이 자신의 임무라고 생각하였다. 이러한 배경에서 시작된 것이 자발성 극장, 즉 사이코드라마이다.

Moreno는 정신분석학의 창시자인 지그문트 프로이트(Sigmund Freud)의 과거지향적 견해에 대항하여 사이코드라마는 미래를 지향한다는 다분히 선언적인 입장을 고수하면서 정신분석과 오랜 기간 반목해 왔다. 1970년대인 Moreno 사후, Moreno의 부인이자 사이코드라마를 체계화하고 세계화하는 데 지대한 역할을 한 제르카 모레노(Zerka Moreno)와 그 제자들의 노력에 힘입어 사이코드라마와 정신분석 사이의 간극은 점차적으로 줄어들기 시작하였다. 현대에 이르러 사이코드라마는 고전적 정신분석 이론뿐만 아니라 애착 이론, 교류 분석, 인지행동 이론 등을 접목하여 트라우마치료, 가족치료, 부부치료 등 다양한 영역에서 응용 및 적용되고 있다.

우리나라에서는 정신치료극이라는 이름으로 정신과 전문의 김유광에 의해 국립 서울정신병원에서 1975년에 처음으로 환자들에게 실시되었다. 이후 집단정신치료의 한 기법으로 정신병원을 중심으로 정신치료극이 실시되면서 의료현장에 알려지기 시작하였고, 2018년 건강보험의 수가 개정을 계기로 정신질환자를 위한 치료 영역에서의 역할이 더욱 견고해졌다. 사이코드라마는 정신병원이라는 제한된 영역의 치료라는 인식이 일반적이었으나, 1995년 정신과 전문의 김수동이 일반 대중을 대상으로 사이코드라마를 실시하면서 대중에게 한 발짝 다가가게 되었다. 용인정신병원에서 사이코드라마 팀을 이끌고 있었던 김수동은 서울 대학로 극장에서 일반인을 대상으로 한 사이코드라마를 공연하였고, 그 공연이 대성공을 거두면서 사회복지기관, 기업 및 학교 단체 등으로 확산되었다. 그에 따라 사이코드라마를 전문적으로 교육하고 연구하는 활동도 증가되었고, 현재 우리나라에서는 한국임상예술학회를 포함하여 여러 학술 단체에서 사이코드라마 전문가를 교육시키고 있으며, Moreno의 사이코드라마 기본 철학을 토대로 한 다양한 프로그램이 전국적으로 운영되고 있다. 최근 들어서는 사이코드라마에 대한 일반인의 관심도 증가하여 조직 구성원들의 교육활동 혹은 전문가 집단의 연수교육 등으로 사이코드라마를 활용하는 사례가 늘고 있다.

현대를 살아가는 인간들은 가족·부부·친구 관계에서조차도 외롭다. 이러한 개인의 고독함도 집단 안에서 함께 나누고 풀어 가야 한다고 믿었던 Moreno는 한 공간에 모인 사람들이 서로를 편하게 받아들이도록 하는 과정, 즉 자발성을 회복하는 과정을 통해 '인간의 관계 욕망'에 대한 해결책을 제시하고자 하였다. 점점 파편화되고 분절화되어 가는 현대의 인간 관계망에서 사회적 판단이나 유행에 떠밀려서 자신의 가치를 잃어버리고 자기만의 고유한 능력을 발휘하지 못하고 살아가는 사람들에게 사이코드라마는 자발성의 회복이라는 방법을 통해 좌절된 욕망을 일깨우는 강력한 두드림이며, 진정한 자기를 찾기 위한 처방전이 된다.

2. 사이코드라마의 이론적 토대

1) 자발성

사이코드라마의 창시자인 Moreno는 현대인은 점점 자발성(spontaneity)을 잃어 가고 있으며, 생명력을 잃고 단순 반복적으로 살아가는 로봇과 같다(robopathy)고 하였다. 따라서 '지금−여기(here and now)', 자발성이 창조적 행위로 나타나는 사이코드라마 무대에서 자발성을 회복시켜야 한다고 하였다. 자발성은 사이코드라마의 가장 중요한 에너지로, 즉흥성과 함께 역할연기를 통해 행위화(acting-out)를 이끌어 낸다. 행위화는 단순한 충동의 표출이 아닌 숨겨진 내면의 진실을 세상으로 드러내는 작업이다. 이 과정에서 방어와 저항, 자발성과 즉흥성, 그리고 역할연기의 균형 있는 배치와 조정을 통해 사이코드라마는 완성된다. 이 모든 과정의 원천이 자발성이기에 사이코드라마는 자발성 증진을 궁극의 목표로 삼는 것이다.

Moreno(1953)는 '지금−여기'를 기반으로, 경험해 보지 못한 새로운 상황에서 적절한 반응을 하거나 친숙한 상황에서 새로운 반응을 할 수 있는 능력을 촉진하는 에너지를 자발성이라고 하였다. 따라서 특정 상황에 대한 적절함의 수준은 자발성에 의해 일어나고 촉진되며 상황의 익숙한 정도에 영향을 받는다. 또한 적절하고도 새로운 반응을 위해서는 타이밍, 적절함, 자율성을 필요로 한다 (Karp, 1998).

Moreno는 자발성을 상황에 따라 적절하게 반응할 준비가 되어 있는 것, 혹은 과하지도 부족하지도 않은 환경에 대한 적절한 반응으로 정의하며, 자발성을 세 가지로 분류하였다.

첫째, 새롭지만 적절하지 않은 병리적 자발성은 생일 파티에 가서 생일자가 아닌 이외의 사람들과 대화하고 그들을 축하하는 것을 말한다. 주로 정신적 · 감정적 문제가 있는 사람들의 상황 대처법이 여기에 해당한다.

둘째, 적절하기는 하지만 새로움이나 창의성이 없는 진부한 자발성은 마지못해 축하를 하거나 아무런 감동이나 노력 없이 진심이 담겨 있지 않은 행동을 하는 것을 말한다.

셋째, 새로움과 창의성을 겸비하고 적절한 의미를 부여하면서 상황에 적절하게 대처하는 진정한 자발성은 생일자에게 진심 어린 축하를 나누면서 그가 원하고 요구하는 방식으로 대화하고, 모인 사람들과 더불어 유대감을 느끼며 생일 파티를 즐기는 것을 말한다. Moreno는 건강한 마음과 관계 회복을 위해서는 이러한 진정한 자발성을 개발하고, 심리적 · 감정적인 장애물을 제거하는 것이 필요하다고 하였다.

사이코드라마의 시작 단계인 웜업(warm-up)은 참여자들의 자발성을 끌어올려서 본극(행위화)의 주인공 선정 및 보조자아(auxillary ego)들의 역할연기가 자연스럽게 표현될 수 있도록 준비시키는 과정이다. 적절하게 표현되는 자발성은 주인공이 보다 용기 있게 무대 위에서 자신을 드러낼 수 있도록 할 뿐만 아니라 익숙한 삶 속에 숨겨져 있던 내면의 불편한 진실과 마주하도록 이끈다.

나아가 극 중 지속되는 진정한 자발성은 내담자를 행위통찰(act insight)에 도달하도록 이끌어 준다. 행위 통찰은 사이코드라마를 통해 얻어지는 통찰로, 전통적인 정신치료에서 얻어지는 통찰에 비하여 보다 직선적이며 생생한 감정적 체험을 동반한다.

이처럼 자발성은 사이코드라마의 목적이자 수단이다. 사이코드라마는 주인공을 포함한 디렉터, 보조자아들의 자발성의 에너지를 사용하여 사이코드라마를 이끌어 가고, 자발성의 증진을 통해서 잃어버린 또는 손상된 인간의 생명력을 회복시켜 나간다.

따라서 사이코드라마 디렉터는 주인공이 통찰로 나아갈 수 있도록 디렉터 자신의 자발성을 준비하고 생산하며 전파하는 '자발성의 전문가'가 되어야 한다. 자발성 연극의 시초라고 할 수 있는 1921년 4월, Moreno는 궁중의 광대 옷을 입고 무대 위에 서서 관객들에게 자신은 왕을 찾고 있다고 말했다. 그는 군중 속에서 지도자가 될 사람을 찾고 있었다. Moreno는 사람들을 무대 위로 초대하여 지도자에 대한 그들의 생각을 이야기하고 그들이 원하면 왕좌에 앉도록 해 주고자 하였지만, 이런 연출에 누구도 익숙하지 않았고 무대 위로 올라오는 사람도 없었다. 오히려 관객들은 화가 나 있었고, 이 공연을 통해 Moreno는 많은 친구를 잃고 언론에서 조소의 대상이 되기도 하였다.

그러나 이듬해에 Moreno는 혁명적인 극단을 만들어 '살아 있는 신문(living newspaper)'이라는 기법으로 즉흥 연극공연을 하며 관객들의 뜨거운 호응을 이끌어 내었다. 사이코드라마 디렉터는 사이코드라마의 시작부터 마지막 단계인 나눔(sharing)까지 디렉터 자신의 자발성을 바탕으로 관객과 호흡해야 한다. 그래야만 주인공과 보조자아, 관객을 각성시켜서 그들의 자발성을 이끌어 낼 수 있다.

그렇다면 디렉터는 자발성을 위해 어떤 노력을 해야 하는가?

첫째, 디렉터 자신의 두려움, 불안, 자기노출에 대한 염려, 자신감 부족, 무력감 등에 대한 충분한 통찰과 내적 성장이 필요하다.

둘째, 다양한 집단에 대한 경험과 반복적인 사이코드라마 연출 경험이 축적되어야 한다.

셋째, 정신적, 육체적으로 충분한 에너지를 확보해야 한다.

넷째, 사이코드라마에 대한 직접적인 준비 작업으로서 집단의 특성과 욕구 및 목적 등을 파악하고 이에 맞는 사이코드라마의 진행 방향을 고민해야 한다.

사이코드라마는 마음(psyche)을 다루는 치료적 요소와 연극(drama)이라는 예술적 요소가 서로 균형을 이루어야 하나, 현실에서는 집단의 특성과 목적에 맞도록 치료와 예술 중 어느 하나에 좀 더 초점을 맞추어야 하는 경우가 더 많다. 만약 중증의 정신질환자 집단과 사이코드라마를 실시한다면 치료적인 면에 좀 더 치중해야 할 것이고, 일반 대중과의 만남이라면 예술적·미학적인 측면을 신중하게 고려해야 한다. 경우에 따라서는 이미지 워크(image work)나 의자와 천 등의 간단한 소품을 이용하여 디렉팅(directing)의 주요 기법을 연습해 보는 것도 필요하다. 그러나 이러한 사전 준비가 즉흥극의 자발적인 흐름을 방해하는 의도된 방향성으로 나타나서는 안 되며, 무엇보다도 자연스럽게 일어나는 상황에 대해 적절하고 타당하게 대처해 나가는 진정한 자발성과 유연성이 필요하다.

2) 사회측정학

Moreno가 초기 사이코드라마의 이념과 토대를 세워 가던 비엔나 시절, 당시 시대적 흐름이었던 Sigmund Freud와 Karl Marx의 혁신적인 사상은 그에게 많은 영향을 주었다. 그는 한 개인의 삶에 영향을 끼치는 사회적 문제에 큰 관심을 가지게 되었고, 이는 사이코드라마 태동기의 이론과 체계에 지대한 영향을 미쳤다. Moreno는 집단을 대상으로 정신분석을 시도하면서 개인상담의 영역에서는 유의미하던 자유연상 기법이 집단 안에서는 아무런 영향을 주지 못한다는 것을 발견하고 집단 형성의 근원에 깊은 관심을 가지게 되었다. 그 후, 행동이란 타인과 함께 있는 동안에 일어나는 상호작용의 결과라는 데 초점을 두고, 개인의 문화 보존이 형성되는 과정에 타인과의 상호작용이 어떻게 개입되는지를 탐색하고 집단 구성원들의 요구를 만족시킬 수 있는 환경을 만들기 위해 사회측정학(sociometry)을 고안하게 되었다.

이에 Moreno는 사회측정학, 사이코드라마, 집단정신치료(group psycho-therapy)의 세 가지로 이루어진 체계(the triadic system)를 완전(whole)한 치료체계로 제안하였으며, 사이코드라마의 구조에도 이 세 가지 요소가 상호 연결성과 일체성(one entity)을 가지고 함축적으로 포함되어 있다.

사회측정학은 집단의 형성과 구조를 연구하며 집단 내 인간관계를 기술하고 통계적으로 측정하는 사회과학의 한 분야이다. 사회측정학의 관점은 인간을 성장시키는 추진력은 자발성과 창조성이라는 것과 인간은 집단 내에서 사랑과 나눔을 경험할 수 있는 존재라는 개념에 기초한다(Haskell, 1975). 인간의 감정과 태도는 집단 안으로 들어가면서부터 표현되기 때문에 관계 양상과 역할 갈등에 대한 개인의 문제는 집단이라는 구조 속에서 자연스럽게 파악된다고 보았다.

따라서 개인의 특정 역할에 따라 타인을 수용하거나 거부하는 정도를 평가 및 측정하여 집단이 개인에게 미치는 영향력과 개인이 집단의 구조나 결속력에 미치는 영향을 공개적으로 논의하는 것이 필요하다(김수동, 이우경, 2004). 집단 전체의 감정적 · 정신적인 패턴은 끊임없이 변화하고 있는 집단 내의 상호작용 체계를 통해 나타날 뿐만 아니라, 사람들은 집단에 의해 상처받고 집단에 의해 치유된다고 보기 때문에 사회적인 관계 속에서 얻게 된 상처나 긍정적인 면을 다시 표면화하고 치유와 통합을 이룰 수 있는 구체적인 방법인 사회측정학을 제시하였다(Dayton, 2005).

예컨대, '일반적으로 집단에서 선택되지 않는 사람은 누구이며, 그들은 왜 고립 상태에 놓이게 되는가?' '어떤 사람은 지나치게 긍정적인 선택을 받는가?' 또 '소외된 사람들은 왜 중립 상태를 유지하는가?' '왜 고립 상태를 관찰하고 탐구하는가?' 아니면 '왜 탈퇴하는가?' 혹은 '왜 타인들과 통합하는가?'와 같은 호감과 비호감, 선택과 결정, 역할 분석 등으로 설명할 수 있는 사람과 사람 사이의 거리를 일련의 기법을 통해 측정하여 그 이유를 탐구하는 것이 사회측정학이다.

따라서 사회측정학은 집단의 은밀하면서도 공공연한 구조가 자연스럽게 드러나도록 하는, 무의식을 의식화하는 과정이라고 할 수 있다.

사회측정학의 기본 원리(Dayton, 2005)

1. 사회 유전적 법칙

사회측정학을 바탕으로 한 사이코드라마 집단치료는 집단과 구성원 간의 상호작용을 이용하는 방법이다. 집단은 변화를 만들어 내고, 집단 안의 관계도 사이코드라마의 치료 과정 중에 스스로 변화한다. 서로 유사한 행동 양식을 바탕으로 집단을 재구성해 가며, 단순한 형태에서 시작하여 최상의 상태로 진화해 간다.

2. 사회 역동적 법칙

집단의 선택은 모든 구성원에게 동일하게 배분되지 않는다. 집단은 공평함보다는 사회측정학적 기준에 의해 하위집단을 형성하는 경향이 있다.

3. 사회적 균형

개인 또는 집단은 사회적 평정 상태를 유지하기 위해 반드시 유지해야 하는 관계의 질과 양을 가지고 있다. 개인이 죽음, 이혼 등과 같은 위기와 고통에 빠져 있다면 잃어버린 사회 원자를 대체하기 위한 사람이나 환경을 찾게 된다.

4 사회 인력 법칙

한 집단에 소속된 사람들은 다른 집단의 사람들에게 이전에 주고받았던 양만큼의 매력을 기대하고, 받았던 것과 반대되는 양만큼의 거절을 기대한다.

5. 집단 응집력

긍정적인 텔레의 소통을 이루는 사람이 많아질수록 집단의 응집력 또한 증가한다. 다양한 기준의 짝을 이루는 사람이 늘어날수록 구성원 간의 상호작용과 같은 높은 수준의 집단 응집이 일어날 확률도 높아진다.

Williams(1991)는 사회측정학은 동맹관계, 숨겨진 신념, 금지된 의제, 이데올로기의 협약, 겉으로 드러난 '스타(star)', 긍정적이고 부정적인 것 등의 형태를 집단에게 보여 주는 숨겨진 구조라고 하였다. 한 사람의 행위, 신념, 그리고 감정은 다른 사람의 행위, 신념 및 감정에 의해 일어나고 유지되기 때문에 집단원들 간에 나타나는 관계성과 그러한 관계성의 이유에 대해 초점을 둔다. 이러한 사람들 간의 느낌의 흐름인 텔레(tele)를 이용한 사회측정학은 집단 구성원 간의 호감과 비호감, 선택과 비선택 등을 표현하는 방법이 된다.

사회측정학의 원리를 기초로 관객들의 심리적 거리를 측정하고, 이를 서로에 대한 이해와 공감의 방향으로 통합시켜 나가는 것이 사이코드라마이다. 이처럼 사이코드라마는 개인의 삶과 집단의 상호 관계를 불가분의 관계로 인식하고 서로의 경험을 나누어 가는 과정을 핵심 프로세스로 다룬다.

사이코드라마에서 사용하는 대표적인 사회측정학적 방법은 액션 소시오그램, 액션 스펙트로그램, 로코그램, 스텝 인 서클, 폴라리티 등이 있다. 액션 소시오그램(action sociogram)은 집단의 선호와 특성을 탐색하기 위한 사회측정학적 방법이며, '역할 이론'에서 좀 더 자세히 다루게 될 것이다.

집단의 역동을 조사하기 위해 참가자들의 의사결정과 선택을 상대적으로 보여 주는 액션 스펙트로그램(action spectrogram)은 집단의 주요 정보를 빠른 시간 안에 조사하여 집단원 사이의 심리적 거리를 좁히고 서로에 대한 이해와 공감을 늘리기 위한 방법으로서 참가자들을 연속적으로 비교하여 연결해 주는 장점이 있다. 일반적으로 8~25명 정도의 인원이 가장 이상적이지만, 100명 이상의 대규모 집단에서도 적용이 가능하다.

로코그램(locogram)은 집단원에게 셋 또는 그 이상의 선택지 중 하나를 선택하도록 한 후 그 선택한 공간(장소)으로 이동함으로써 자신의 선택, 즉 선호도를 나타내도록 하는 방법이다. 예를 들면, 가족, 친구, 일, 기타 중에서 당신이 좀 더 즐거운 것을 선택한 후에 그 선택한 공간으로 이동하도록 하는 것이다.

스텝 인 서클(step in circle)은 집단원들이 서로 손을 잡고 둥근 원 모양으로 서서 디렉터의 질문에 해당되는 사람들은 원 안으로 한 발을 내딛는 방법이다. 이는 집단원 간의 동질성을 향상시키는 데 유익한 작업이다. '만약 당신이 장남이나 장녀라면 원 안으로 한 발자국 내밀어 주세요'와 같은 질문을 디렉터는 제시할 수 있다.

폴라리티(polarity)는 두 가지 선택지 중에서 집단원에게 오로지 하나만을 선택하도록 한 후에 그 선택한 곳으로 이동하도록 하는 방법이다. '당신은 면접 시 대면 면접과 화상 면접 중 어느 것을 더 선호하나요?'와 같은 질문을 사용할 수 있다.

저자는 수년 전 국내에서 활동하고 있는 일명 '피전', 피해자 전담 경찰관과 사이코드라마 작업을 할 기회가 있었다. 피해자 전담 경찰제도는 그 당시 우리나라에 도입된 지 만 2년을 넘긴 초창기 단계의 제도였기 때문에 담당 경찰관들의 업무 역할은 광범위하였고, 스트레스가 많은 상황이었다. 그들의 정서적 소진을 회복하기 위해 여러 개의 집단으로 나누어 진행한 사이코드라마에서 집단의 특성과 욕구를 파악하기 위해 액션 스펙트로그램을 각 집단별 분위기에 맞게 적용하였다. 다음의 〈사례 1〉은 그중 한 집단에서 진행한 액션 스펙트로그램의 적용 사례이다.

사회측정학 기법의 적용

집단 내의 긴장감이 예상보다 컸기 때문에 극의 초반에 집단원 한 명 한 명에게 골고루 대화를 시도하고 대화를 이어가는 방식을 선택한 결과, 집단원의 긴장감 완화에 도움이 되었고, 집단의 특수성을 이해하는 데 의미 있는 기회가 되었다.

…

작업 시기가 7월이었기에 '여름휴가 – 마음 여행'을 소재로 액션 스펙트로그램을 적용하였다. 여름휴가의 필요성과 휴식의 욕구에 대해 15명의 집단원에게 4개의 연속된 선택지(척도)를 기반으로 선택 결과에 따라 그룹을 나누어 해당 그룹별로 줄을 서도록 하였다. 그룹을 지어 줄을 서다 보면 서로의 생각이 한눈에 보이고, 자신의 선택이 집단 안에서 어떻게 해석될 수 있는지를 직관적으로 파악하게 된다.

…

본 집단에서는 휴가가 매우 필요한 사람과 전혀 필요 없는 사람은 소수였고, 휴가가 필요하거나 필요 없다는 사람이 대다수를 차지하였다. 이미 얼마 전에 휴가를 다녀와서 현재는 휴가가 필요 없다는 사람도 있었던 반면, 피전 프로그램의 준비 과정부터 참여했기에 쉴 틈이 없었을 뿐만 아니라 소진 상태에 이르러서 휴가가 절실했던 사람도 있었다. 참가자들은 선택 이유에 대한 즉석 인터뷰를 진행하면서 서로의 생각과 감정을 공유할 수 있는 시간을 가졌고, 이를 통해 몰랐던 사실을 새롭게 알게 되면서 이해와 공감, 타인의 생각과 감정에 대한 존중을 직접적으로 배워 나가기 시작하였다.

사회측정학 기법을 중심으로 집단원 간의 공통점과 차이점을 발견하고 이해하는 작업을 통해 집단의 응집력은 커지고, 집단은 자발적이고 유연하게 변화된다. Yalom(1985)은 집단응집력이 최적의 수준일 때 집단은 보다 더 수용적이고 호의적으로 변하며, 정서적으로 상호 지지하게 된다고 하였다. 또한 자신을 좀 더 잘 표현하게 되고, 서로 더 알고 싶어지며, 나아가 좀 더 친밀한 관계로 발전하게 된다. 집단원들의 참석률이 높아지면서 집단원이 느끼는 집단에 대한 안전감이 증가하기 시작하고, 집단 내에서 적대감이나 갈등을 표현하는 것도 가능해진다. 이는 집단원 간의 상호 허용 범위가 늘어나기 때문이다.

　그러나 사회측정학적 선택이 항상 적절하고 효과적인 것은 아니다. Dayton(1994)은 공개 사이코드라마나 다시 만날 기회가 없는 집단에서는 작업을 수행하려는 사람의 개방 정도와 자아 강도에 따라서 보다 주의 깊은 배려가 필요하다고 안내하였다. 특히, 정서적으로 취약한 사람들이라면 충분한 웜업 없이 사회측정학적 방법을 적용했을 때 여러 가지 문제가 나타날 수 있다는 것이다. 저자 역시 그동안의 경험을 바탕으로 사이코드라마의 주인공만을 대상으로는 사회측정학적 기법을 사용하지 않는다. 오히려 주인공의 자책감과 부정적 사고가 강화되거나 주인공 스스로 평가받는다는 느낌을 가질 수 있기 때문이다. 따라서 주로 웜업 단계에서 집단원 간의 선호도를 확인하고, 상호 이해와 집단의 응집력 강화를 목적으로 사회측정학 기법을 사용해 오고 있다.

3) 역할이론

'사이코드라마는 열린 연극입니다. 여러분이 주인공과 배우(보조자아)로서 함께 참여하시게 됩니다!' 생전 처음 사이코드라마를 접하고 경험하러 오는 사람들에게 '참여'를 설명하는 것은 가장 중요하고도 어려운 작업이다. 이렇게 설명을 하고 나면 다수의 관객은 직접 참여하는 연극이라는 말에 잔뜩 긴장하는 모습을 보이게 된다. 그들이 긴장을 내려놓고 자연스럽게 극에 참여하도록 이끌고 독려하여 무대(stage)에 함께 설 수 있도록 이끄는 것이 사이코드라마 디렉터의 역할이다.

Moreno는 아이들이 어른들과는 다르게 무대 위에서 자발성과 창조성을 가지고 노는 것을 보고 깊은 인상을 받았다. 그러나 반복적으로 놀이를 이어 갔을 때 아이들도 역시 자발성과 창조성이 떨어지는 모습을 보게 되었고, 관객들을 너무 의식한 아이들은 가장 바람직하다고 생각하는 대사와 동작, 표정을 반복하는 데 급급했다. 이러한 현상을 Moreno는 현재 상황과 상관없이 과거의 경직된 감정과 기억을 반복하는 '문화 보존(culture conservation)'으로 정의하며, 이것이 자발성과 창조성을 저해하고 역할을 고정시킨다고 보았다.

사이코드라마에서 역할(role)은 자기(self)가 생겨나기도 전에 존재하는 것으로 규정하며, 군집화하고 통합하고자 하는 경향을 가지므로, 가족 혹은 사회로부터 익혀 온 규범이나 문화적 기대를 충족시키기 위한 반복적인 역할 행동이 하나의 패턴으로 고정되기 시작한다. 따라서 '자기'의 구체적인 모습은 한 개인을 둘러싸고 있는 역할 관계의 패턴을 가지고 작용하는 것이다. 곧, 자기가 취하는 구체적 형태가 역할이다(Moreno, 1934).

자발성과 창조성을 가지고 놀던 아이들은 주변을 의식하면서 창의성을 잃어버리고 그들의 역할 레퍼토리 중 익숙한 하나로 돌아가게 된 것이다. 따라서 Moreno는 역할이란 어떤 사람이나 대상이 특정한 상황에 개입되어 취하는 기능적 형태라고 정의하였다. 이렇게 자발성이 상실되는 과정을 바로잡기 위해 다양한 상황을 다시 사이코드라마 무대로 옮겨 오는 것이 중요하다고 보았으며, 바로 이것이 사이코드라마를 자발성 극장이라고 부르는 이유이다. 무대에서 다양한 상황에 갑자기 직면하게 된 사람들이 각기 다양한 반응을 보이게 되면서 점차 즉각적으로 행동하고 상호작용하는 능력을 회복하게 되고, 이를 통하여 내면에 존재하는 해결책을 찾는 창조성을 회복하게 되는 것이다.

Moreno(1964)는 역할에는 세 가지 측면, 즉 신체적(somatic) 측면과 사이코드라마적(psychodramatic) 측면, 그리고 사회적(social) 측면이 있다고 하였다. 생애 초기에는 먹기, 잠자기 등과 같은 신체적 역할을, 성장하면서는 가정과 사회, 타인과 함께 수행하는 사회적(대인관계적) 역할을, 그리고 정신적 측면인 생각하기, 느끼기, 행동하기와 같은 사이코드라마적 역할을 통해 인간은 자기(self)에 형태를 부여하고 구체적으로 표현하게 된다(Dayton, 2005).

우리가 만나는 사람들의 생각, 감정, 행동을 우리의 정신체계로 통합하고 우리의 무의식에 형태와 의미를 부여하는 것이 곧 역할이다. 역할에 내재해 있는 생각, 감정, 행동, 행위갈망, 긴장, 충동, 소원, 욕구와 같은 요소를 탐색해 보면 자기 발달의 흐름을 알 수 있게 된다. 따라서 역할에 따라 인간의 감정과 생각, 행동이 달라지기 때문에 인간은 근본적으로 역할 수행자인 것이다(Moreno, 1934).

또한 역할은 사이코드라마와 사회측정학의 기초를 이루는 주요 인자(factor)

이다. 주인공의 실제적 삶의 역할들을 사이코드라마라는 치유 무대에서 직접 보고 행위화함으로써 그 사람을 근원적 차원에서 만나게 되고, 또한 그의 무의식의 영역에 들어가 역할에 의해 발전되어 온 생각, 행동, 감정에 접근할 수 있게 된다(Dayton, 2005). 역할은 무의식의 영역에 들어가 형태와 질서를 부여하는 힘이 있으며, 그들의 내적 세계(inner psychic world)와 수행해 왔던 역할(operating role)을 포괄적으로 탐색하다 보면 균형을 잃어버린 역할이 무엇인지, 과도하게 수행하거나 지나치게 적게 수행하는 역할은 무엇인지, 주인공의 균형을 회복하기 위해 축소시켜 나가야 할 역할 또는 더욱 강화시켜야 하는 역할은 무엇인지 등을 알게 된다(Dayton, 2005).

이렇게 역할 목록(role repertory)을 확장함으로써 얻을 수 있는 이점은, 첫째, 친숙하게 행동으로 할 수 있는 역할이 더 생기면서 스스로 선택했다는 느낌을 가지게 되며, 둘째, 역할 행동을 통해 삶의 다양한 측면의 중요성을 확인하게 되고, 놀이나 춤, 경쟁이나 상상과 같은 차원을 더 가치 있게 느끼게 된다. 셋째, 타인의 역할을 수행함으로써 동일시(identification)의 과정이 일어나고 공감 능력이 향상된다. 넷째, 여러 차원의 능동적이고 창의적인 역할을 맡아 봄으로써 살아 있는 자기인식을 깊이 있게 체험하게 된다. 다섯째, 역할 행동의 강화를 통해 여러 상황에서 융통성 있는 사고와 행동으로 유연하게 대처하게 된다(Adam, 1996). 즉, 사이코드라마를 통해 주인공은 자신의 외부 세계(outer world)의 균형을 바로잡고, 내적 세계(inner world)의 균형까지 회복해 가게 된다.

그러므로 사이코드라마에 참여한다는 것은 곧 역할을 수행하는 것이다. 사이코드라마의 참가자들이 다양한 역할을 수행하면서 동시에 긴장감을 느끼는 것도 틀에 박힌 역할 관계의 행위로 되돌아가려는 내적 작용인 것이다. 참가자들이 고정된 자신의 역할 목록에서 벗어나 자발적이고 창조적인 '자기'로 변화할 수 있도록 사이코드라마의 무대는 개방적으로 참가자들을 포용해야 하며, 이 과정에서 고정된 역할 수행의 '참여'가 아닌, 주도적이고 주체적인 '참여'로 나아갈 수 있도록 디렉터는 이끌어야 한다.

Moreno가 사이코드라마의 무대를 만든 것은 사람들로 하여금 자신의 잠재력을 개발하여 새롭고 자발적인 만남을 가질 수 있는 기회를 주기 위함이었고, 이는 '텔레(사람과 사람, 사람과 대상, 사람과 상징 간의 감정적인 흐름)'를 확립 또는 재확립하는 것이라고 할 수 있다. 이러한 목적의 수행을 위한 작업도 결국은 역할을 탐색하면서부터 시작된다.

사이코드라마의 핵심 기법 중 하나인 역할 바꾸기/역할 교대(role reversal)로 사이코드라마에서 역할의 구체적인 작용을 알아볼 수 있다. 이는 상대방의 역할로 들어가서 이야기하고 표현하는 것으로, 타인의 시선으로 자신을 바라보게 하는 역할연기(role playing)를 이끄는 것이다. 역할 바꾸기는 상상과 현실, 자신과 타인을 구분하고, 타인의 관점을 공감하고 자신의 관점을 재정립시키는 데 매우 효과적인 방법이다. 또한 현실에서는 만족하기 어려운 소망을 이루게 해 주는 효과가 있으며, 성인의 정신적 활동인 공상 세계를 탐색하여 개인의 내적ㆍ정신적 세계에 대한 통찰을 얻을 수 있도록 돕는다. 그러므로 역할 바꾸기는 절대적 참여를 가능케 하고, 무아경(ecstasy)에 도취되는 경험을 제공하는 디오니소스적 도구이며(Moreno, 1946), 이 기법을 통해 주인공은 자신에게서 밖으로 걸어 나와 다른 사람이 된다.

그리고 이러한 역할 바꾸기 기법의 집단적 표현이 액션 소시오그램이다. 액선 소시오그램은 집단의 선호와 특성을 탐색하기 위한 사회측정학적 방법이며, 집단 안에서 상호 간의 호감과 비호감에 대한 선택을 행동으로 묘사하는 기법이다. 보통은 자신이 선택한 사람에게 다가가서 그 사람의 어깨에 손을 얹는 방식으로 표현한다. 이렇게 집단원이 각자 자신의 선택을 몸(동작)으로 표현하면 사이코드라마 무대는 집단원의 다양한 선택으로 '뒤엉킨' 모습을 드러내게 된다. 마치 기차놀이를 하는 모습과 비슷하게 되기도 하고, 소용돌이치는 모양으로 사람들이 서로 엮여 있는 모습을 보이기도 한다.

이렇게 사이코드라마는 행위화 과정을 통해 통찰과 정서를 경험하고 상상력이 풍부한 직관에 닻을 내리기 때문에 더 효과적이 된다. 신체적 행위는 보다 경험적이고 참여적인 형태의 학습을 일으키며, 심리치료 프로그램을 더욱 생생하게 만드는 요소가 된다(Anzieu, 1984).

사례 2

액션 소시오그램의 적용

"지난 상반기 동안에 가장 열심히 살아온 것으로 보이는 한 분을 마음으로 정하세요, 단 자신은 제외하고!" 디렉터의 주문에 따라 참가자들은 마음속으로 한 사람을 선정한다. 이 작업은 텔레 기법으로, '보이지 않는 이끌림'에 의거하여 누군가를 선택하는 과정이다. 매우 주관적인 선택이 될 수 있지만, 타인의 눈에 비친 자신의 모습을 생각해 보게 하는 중요한 의미가 있다.

...

가장 많은 지지를 받은 사람은 30대 중반의 남성이었다. 대부분의 사람이 인상과 외모에 근거하여 선택하는 것임에도 불구하고 실제로 열심히 살아온 사람들이 선택되는 경향이 높고, 이 남성 역시 직장과 학업을 병행하며 남편과 아빠의 역할로 동분서주하고 있었다. 집단의 강력한 지지를 받은 남성은 집단에게 감사의 마음을 전하고 자연스럽게 오늘극의 중요한 상대 역할을 자원하였다. 이렇게 사이코드라마는 개인과 집단이 서로 연결되고, 그다음 지점으로 나아가게 된다.

...

처음 서로에게 느꼈던 서먹함이 다소 줄어든 다음에는 집단의 참여도를 끌어올려서 좀 더 속 깊은 마음을 드러내도록 '상황극'을 시도하였다. 상황극 기법은 특정 상황을 제시하고, 그 안에서 역할연기를 통해 자신과 가족 또는 환경을 돌아보도록 고안된 즉흥적이고 연극적인 작업이다. 이 기법은 시간 소모도 많고, 진행을 위한 지시와 개입이 상대적으로 많은 기법이기 때문에 집단과 디렉터가 함께 준비되어 있지 않다면 수행에 어려움이 따를 수 있다.

...

상황극 〈구명보트〉는 유람선을 타고 떠난 '가족여행' 중에 태풍을 만나서 조난된다는 한계 상황에서 시작된다. 그 상황에서 중요한 선택을 해야 하는 미션이 각 개인에게 주어지고, 이를 조난당한 상황의 역할연기와 함께 풀어 가는 작업이다. 한계 상황을 설정하는 것은 비록 연극이라고 할지라도 주어진 상황에 참가자들이 더욱 깊이 몰입하고 의미 있는 경험을 하는 데 효과적이기 때문이다.

…

크기가 다른 A와 B의 두 개의 집단을 만들고, A집단의 각 개인에게는 B집단에서 가족 구성원을 4명씩 선정하여 자신을 포함해서 총 5인으로 구성된 가족을 꾸리도록 하였고, B집단원은 부여된 가족 구성원의 역할을 연기하도록 하였다. 그 후 5명의 가족이 유람선 여행을 떠나는 상황을 제시해 주었고, 여행 중에 강력한 태풍을 만나 유람선이 좌초되는 비극적인 상황을 만나게 되는 상황극을 진행하였다. 다행스럽게도 구명보트를 확보할 수 있게 되었는데, 5명의 가족 중 단 한 명만 보트에 탈 수 있다. '과연 나는 누구를 구명보트에 태울 것인가?' '가족 중 누구를 살릴 것인가?'

…

많은 사람이 선택을 어려워했고, 참가자들은 깊은 고민 끝에 어렵게 결정에 도달하였다. 자식이나 어머니를 구명보트에 태우겠다는 사람이 가장 많았고, 다수의 사람이 자신은 구명보트를 타지 않겠다고 하였다.

3. 집단치료로서의 사이코드라마

사이코드라마를 통해 집단이 형성되기 전에는 집단 내에 결속되는 그 어떤 것도 존재하지 않는다. Williams(1991)는 사이코드라마 전문가들이 아무것도 없는 공간(space)으로 뛰어들어서 집단 구성원들이 그들의 과거 사실을 안전하게 방출할 수 있는 수용체(matrix)를 만들어 준다고 하였다. 이러한 과제를 해결할 방법으로 Moreno는 웜업을 제시하였고, 웜업을 통해 디렉터는 참가자들이 어색함과 긴장감을 줄일 수 있도록 이야기를 나누거나 전체 집단을 위한 신체활동을 제안할 수 있고, 집단원으로부터 특정한 정보를 다시 요청할 수도 있다. 개인보다는 집단에 더 초점을 두고 집단이 함께 공유할 수 있는 주제를 사이코드라마 디렉터는 다루게 된다.

웜업이 진행됨에 따라 참가자들은 집단원을 상호 이해하고 공감하는 능력이 높아지게 되고, 이를 통하여 집단문화, 집단준거, 집단정체성을 결정할 수 있는 틀을 준비하게 된다. 웜업이 진행되는 동안에 각 개인은 점차 집단과의 공통점을 발견하게 되고, 선택에 있어서 공감대가 형성되면서 수용체도 점차 확실하게 나타나게 된다. 때로는 강력한 이벤트에 의해 집단수용체(group matrix) 형성이 촉발된다. 그래서 사이코드라마 집단치료의 나눔(sharing)은 집단 안에서 집단원 간의 상호작용을 촉진시키고 집단 전체의 변화를 이끌어 내게 된다.

이처럼 집단이 만들어 낸 공감과 인식을 바탕으로 한 집단문화의 준거, 정체성 등은 공동무의식의 배경이 된다. Moreno는 공동무의식은 텔레와 집단무의식을 포함하는 영역이라고 하였으며, Zuretti(1994)는 인간의 출생 혹은 수태 이

전에 일어난 사건들의 기억을 인식하는 영역이라고 하였다. 곧, 공동무의식은 텔레의 확장이고 개인의 역사이며, 가족의 역사이고 집단의 역사라고 할 수 있으며(Karp, 1998), 현재도 계속 진행 및 확장되고 있다.

정리해 보면, 한 개인에 불과했던 사람들이 사이코드라마의 현장에 들어오면서 공동무의식을 공유한, 하나의 집단으로 발전되는 것이다. 따라서 사이코드라마 디렉터는 인간의 행동을 형성하는 데 중요한 역할을 하는 공동무의식의 영향까지도 인식하고 있어야 하며(Karp, 1998), 공동무의식뿐만 아니라 개인무의식과 집단무의식을 가진 인간을 통합적인 관점에서 바라볼 수 있어야 한다. 집단무의식은 여러 세대 동안에 횡문화적으로 존재해 온 보편적인 형태들과 이미지들의 합이며, 억압되지 않은 원형들과 유전으로부터 유래된 마음의 한 부분이다.

웜업으로 시작되는 사이코드라마의 무대를 통해 참가자들은 상호 연결되어 강력한 지지와 연대를 이루며, 행위화 과정을 통해서 치유(healing)에 도달하게 된다. 이 과정에서 깨닫게 되는 통찰(insight)은 전통적인 치료 방식에서 나타나는 통찰과 근본적으로 다르지는 않지만, 감정의 정화(catharsis)를 동반한 보다 강력하며 통합적인(integrated) 특성을 지니며, 행동의 의미를 경험하고 확장시켜 나가므로 행위통찰(act insight)이라고 부른다.

개인치료에서 권위적이었던 치료자의 역할은 사이코드라마를 포함한 집단 정신치료에서는 집단원의 영향으로 수정되고 축소되며(김수동, 이우경, 2004), 사이코드라마의 주인공과 참가자들은 모두 관찰자인 동시에 참가자로 자신, 타인, 인간관계에 대한 다양한 관점과 새로운 행동을 학습하면서 놀라운 변화를 일으킬 수 있는 통찰을 가지게 된다. 그렇게 됨으로써 자신의 불건강한 행동

패턴을 명확하게 인식하고, 새로운 행동으로 변화를 기꺼이 시도하게 된다.

Blatner(2000)는 저서 『액팅-인(Acting-in)』에서 Yalom(1975)이 제시한 집단 치료의 효과에 근거하여 사이코드라마의 집단치료 효과를 다음과 같이 설명하였다.

첫째, 교정적인 정서경험과 정화의 효과이다. 사이코드라마 무대에서 주인공은 자신의 심리적 경험을 재구성하는 것에 지지를 받고, 잉여현실을 통해 더 긍정적인 방식의 장면을 공동으로 창조해 나간다. 주인공의 과거 행동이 다른 사람들에 의해 재연되는 것은 현실성이 강화됨과 동시에 강력한 교정적인 경험의 원천이 되고, 감정적 해방, 혹은 정화의 효과를 가져온다.

둘째, 대인관계학습과 모델링, 그리고 사회화 기술의 발달로 집단 내 타인의 유익한 행동을 받아들여서 자신의 행동 목록을 확장시켜 나갈 수 있다. 사이코드라마의 행동적 측면의 경험과 시각적·체험적 효과는 경험적 학습을 풍부하게 만드는 효과가 있으며, 마치 심화된 놀이치료처럼 직접적인 학습효과가 있다.

셋째, 실존의 문제와 보편성의 효과이다. 집단원은 변화될 수 없는 삶의 현실들(불공평, 피할 수 없는 고통, 수용과 책임감, 변화를 요구하는 많은 것)을 집단치료 안에서 공유하고 만나게 된다. 이러한 실존 감각은 현실의 고통이 지속되더라도 고립된 감정을 감소시키고 치료 과정으로 나아갈 수 있는 심리적 힘을 강화시켜 준다. 소외감은 심리사회적 질병의 주요 요인이며, 자신의 약점과 문제들이 상대적으로 더 취약하고 수치스럽다고 믿게 만든다. 이렇게 부정적이고 편협한 감정에서 벗어나서 일상의 감정을 넓혀 갈 수 있도록 돕는 것이다. 이것은 곧 보편성을 수용해 가는 과정이라고 할 수 있다.

넷째, 희망의 고취와 정보의 전달에 대한 효과이다. 희망의 고취는 모든 치료의 근본이 되는 개념이며, 치료자로부터 도움을 받을 수 있다는 기대감과 긍정적인 변화에 대한 신념, 그리고 방법적인 측면에서 신뢰할 만한 치료자와의 만남을 통해 이루어진다. 결과적으로 주인공은 심리적 문제를 다루는 기술이 부족한 자신을 인정하고 개선해 나가게 된다.

다섯째, 자기중심성의 습관에서 벗어나 타인들의 욕구와 느낌을 깊이 고려하게 되고, 역할 바꾸기를 통해 사회적 관심과 공동체의식을 개발하는 효과가 있다.

토론

1. Moreno의 자발성 개념 중 진부한 자발성이 나타나는 당신의 상황을 열거하고, 이것을 진정한 자발성의 상황으로 변환시켜 본다.

2. 사회 안에서 당신이 구성하고 있는 사회적 관계 및 집단의 목록을 작성하고, 각 집단을 통해 경험하는 긍정적인 면과 부정적인 면을 분석한다.

3. 인간은 다양한 역할을 수행한다. 당신의 삶의 중요한 역할들을 열거해 보고, 그 역할에 대한 당신의 생각과 감정을 정리한다.

4. 당신의 삶에서 중요한 갈등이나 심리적 문제를 떠올려 보고, 그 문제를 사이코드라마의 이론적 개념으로 설명한다.

2장

사이코드라마의 중심 개념

Psychodrama

1. 행위갈망

　자아의 중심에 있는 소망과 충동의 충족을 향한 추동(drive)을 Moreno는 '행위갈망(act hunger)'이라고 부르며, 이것은 심리적 진실이기에 성취되어야 한다고 설명하였다. 또한 행위가 통찰을 증진시키는 도구가 된다는 것에 주목했다. 만약 분노와 같은 감정을 표현하고, 또 그 행위에 만족감을 느꼈다면 그 이면에 숨은 적개심과 같은 감춰졌던 역동들을 통찰할 수 있게 된다는 것이다.

　인간은 태어날 때부터 특정한 행동이나 행위에 대한 갈망을 가지고 있다(Dayton, 2005). 아기들이 뒤집기를 시작하고 기어다니고 앉기를 시도하고 먹고 자고 휴식을 취하는 것과 같이 몸을 움직이고자 하는 것은 인간의 근원적 욕구가 행위화되어 나타나는 것이다. 신체적 행위는 단순히 생각하거나 말로 표현해서는 도달할 수 없는 여러 목표를 달성할 수 있도록 해 주기 때문이다. 이러한 행위갈망은 타인과의 상호작용에서도 나타난다. 관심을 끌 만한 행동을 하고 애정과 슬픔을 표현하고 누군가에게 어떤 말이든 하고 싶어 하며, 쌓아둔 감정이 있다면 그 감정을 털어놓고 싶은 욕구를 느끼는 것도 행위갈망이다. 때로는 고통스러운 경험에 대해 무의식적으로 통제력을 갖기 위해 고통스러운 경험을 반복하려는 행위갈망을 갖기도 한다. 이처럼 인간은 행위를 완벽하게 구현하고, 느끼고 싶어 하는 정신적인 욕구(Blatner, 1996)와 단순히 이야기하는 것 이상의 행위를 통한 충족을 추구한다.

2. 구체화

　행동은 생각과 감정을 구체화(concretization)시킨다. 고통스러운 경험은 의식화되기도 전에 행동에 영향을 미쳐서 새로운 문제들을 양산해 낸다(Dayton, 2005). 어린 시절, 어머니에 대한 두려움 때문에 억압되었던 분노는 성인이 되어 직장 상사 앞에서 수동-공격적인 형태로 나타나거나, 엄하고 무서웠던 아버지에게서 느꼈던 두려움과 분노를 타인 앞에서 이유 모를 불안과 분노로 표출하기도 한다. 즉, 전혀 상관없는 장소에서 억압되어 있던 감정들이 전이되어 나타나는 것이다.

　이러한 문제를 해결하기 위해 사이코드라마는 주인공이 자신의 어떤 것이든 구체적으로 탐색해 나갈 수 있도록 표현을 허용하고 안전한 방법을 제공한다. 감정적이며 심리적인 문제를 구체화하고, 갈등이나 상호작용, 의사소통까지도 공개적으로 구체화시켜 보는 치료적 접근을 한다. 그렇다고 구체화가 과거의 문제에만 집중되어 있는 것은 아니다. 두렵거나 바라는 미래의 장면을 구체적으로 예행연습을 하거나 막연했던 불안과 걱정의 본질적인 요인이 무엇인지를 탐색하고, 막연한 생각들을 행동으로 구체화하면서 적절성과 타당성 여부를 점검해 볼 수 있다.

　여러 번에 걸친 설명이나 논리적 사고의 나열보다는 한 번의 행위와 경험이 깨달음과 변화를 더 촉진시키고 통찰을 확장시켜 나가는 것이다. 이와 같이 사이코드라마는 집단원의 다양한 삶의 측면이 구체화되도록 개방적으로 수용함과 동시에 객관화에 이를 수 있도록 돕는다. 〈사례 3〉은 구체화가 실현되는 단계적 흐름을 잘 보여 주고 있다.

주인공은 아픈 엄마를 걱정하고 있었지만, 엄마에 대한 걱정이나 안타까운 심정을 표현할 수 없을 정도로 엄마를 어렵게 느끼고 있었다. 주인공은 뛰어난 언니들 사이에서 자신의 가치를 입증해야만 엄마로부터 관심과 인정을 받을 수 있다는 부담감에 위축되어 있었다. 성인이 되어서도 주인공은 잠깐의 여유를 가지는 것조차 죄책감이 들 정도였고, 해야 할 일들에 매여 자신을 위해 여유를 가지지도 즐기지도 못하며 살고 있었다. 사이코드라마 종료 후, 주인공은 이러한 자신의 삶에 대한 통찰을 받아들였고 자신의 관습적인 사고와 행동 이면에 숨겨진 감정과 마주할 수 있게 되었다.

빈 의자 기법을 통해 현재의 자신에게 하고자 했던 이야기는(장면 1) 남자친구와의 기억으로(장면 2), 엄마, 언니와 함께했던 식사시간(장면 3)과 엄마에게 상처받은 기억(장면 4)으로 점점 더 깊어지고, 점점 더 구체화되어 갔다. 특별한 사건에 초점을 두지 않고 어떤 것이든 열어 놓고 구체적으로 행위화하는 과정은 내면의 핵심적인 역동에 더 깊이, 더 빠르게 다가갈 수 있도록 이끈다. 사이코드라마는 치유의 도구이다. 그러나 치료를 강요하거나 애쓰지 않는다. 집단 안에서 주인공의 이야기와 행동에 보다 귀 기울여 주면서 공감과 이해로 채워 나갈 때, 주인공은 자신의 삶에 대한 보다 깊은 통찰을 갖게 되고 관객들은 공감을 통해 통찰을 배워 나가게 된다. 이것이 사이코드라마를 치유의 예술(the art of healing)이라고 부르는 이유이다.

사이코드라마의 '구체화' 적용

20대 후반의 여주인공이 무대에 섰다. 그녀는 요즘 무료함으로 고통받고 있었고, 아무 것도 하기 싫어하는 자신을 허용하고 싶었다.

...

첫 장면으로 빈 의자(empty chair)에 자신이 앉아 있다고 상상하며 이야기를 시작하였다. 간만에 찾아온 여유를 편하게 즐기지 못하는 자신에 대한 안타까움, 내년이면 다시 바빠지게 될 자신의 상황에 대한 걱정과 불안 등을 이야기하였다. (장면 1)

...

디렉터는 주인공에게 떠오르는 장면이 있는지를 물어보았고, 주인공은 수개월 전에 남자친구와 데이트하던 장면을 떠올렸다. 이를 토대로 데이트 장면을 구성하였다. 주인공은 데이트 중에 잠시 끊어지는 대화에도 불안감을 느꼈으며, 자신의 힘으로 그 시간을 채워야 한다는 의무감을 느끼고 있었다. (장면 2)

...

장면은 자연스럽게 더 구체화되어 간다. 주인공은 가족에게 가끔씩 심통이 난다고 하면서 엄마와 언니와 함께 식사하는 장면을 떠올렸다. 식사장면을 구성한 후 연기를 하고 나서 주인공은 자신의 가족이, 특히 엄마가 자신에게 관심이 없다고 말했다. (장면 3)

...

장면은 보다 구체화되고 핵심에 다가간다. 엄마, 언니와 함께 식사하는 장면을 연기하다가 주인공은 대학진로를 위해 엄마와 대화를 나눴던 고3 때의 어느 날이 떠올랐다. 엄마는 주인공의 능력을 인정하지도 선택을 존중하지도 않았고, 결국 주인공은 자신의 능력에 비해 성적이 낮은 대학을 선택하였다. 진학 후에도 이에 대한 아쉬움을 느꼈고, 엄마에 대한 분노감이 쌓이기 시작했다. 고3, 대학진로를 위해 엄마와 대화를 나누었던 장면으로 들어갔다. 엄마는 건강이 안 좋은 상태에서도 홀로 세 자매를 키웠고, 두 명의 언니는 아주 뛰어났지만 주인공은 그렇지 못했다. 엄마는 주인공에게 늘 무서운 존재였으며, '솔직하게 이야기를 한다고 한들 나의 이야기를 들어 주실까?' 하며 아무 말도 하지 못하고 좌절과 슬픔을 느꼈던 자신을 떠올렸다. (장면 4)

3. 텔레

텔레(tele)는 그리스어에서 유래된 말로, '먼' '멀리까지 영향을 미치는'의 뜻을 가지고 있다(Moreno, 1946). 텔레는 사람 사이의 관계를 말없이 감지하는 능력이며, 집단을 묶어 주는 보이지 않는 끈이다(Karp, 1998). Moreno는 사람들 간의 느낌의 흐름과 사람과 대상, 사람과 상징 간의 감정적인 흐름을 텔레라는 용어로 정의하였다. 이러한 개념은 인간은 집단생활 속에서 사랑과 나눔을 하는 존재라는 기본 개념에 기초한 것이며(Haskell, 1975), 복잡한 인간의 상호작용이 역할의존적인 경향을 가진다는 것을 의미한다(Blatner, 1996).

어떤 사람이 어떤 대상 혹은 상징에게 가지는 민감성은 생물학적인 영향뿐만 아니라 문화적인 영향을 받게 된다(Haskell, 1975). 텔레는 토론과 협상, 갈등에 대해 창조적인 대안을 찾게 해 주는 도구이다. 텔레를 더 많이 알고 인식하게 되면 자신의 선호 성향에 더 많은 관심을 가지게 되고, 비언어적 단서에도 더 주의를 기울이게 되어 대인관계 기술과 민감도는 더 발달하게 된다. 그러나 만약 텔레를 이해하지 못한다면 대인관계의 흐름을 이해하지 못해서 타인을 오해하거나 갈등을 심화시킨다.

예를 들면, 텔레를 긍정적으로만 해석하여 타인을 이상화하거나 부정적인 텔레에 갇혀서 상대방의 가치를 떨어뜨리는 것과 같은 것이다. 일반적으로 선호와 선택을 결정짓는 데 적용되는 텔레의 범주로는 사회적 텔레와 심리적 텔레가 있다. 사회적 텔레(sociotelic)는 공유되는 목표나 공통의 관심사로 연결되는 것으로, 지역사회 집단 안에서 더 많이 이용되고, 심리적 텔레(psychetelic)는 개인의 특성이나 신뢰관계를 말하는 것으로, 보다 직관적이고 개인적인 신뢰관계를 반영한다. 예를 들면, 한 개인이 집단에서 세 사람에게 호감을 가진다고 했을 때 각각은 서로 다른 선호 성향을 나타낼 수 있다. 첫 번째는 낭만적 관심의 텔레, 두 번째는 실제적 차원에서 도움을 받기 때문에 나타나는 텔레, 세 번째는 속마음을 이야기할 만한 대상으로 느끼는 텔레일 수 있다. 이 외에도 부정적인 텔레와 선호 정도가 높지 않은 중립적 텔레가 있다.

　텔레와 전이(transference)를 혼동하는 것에 대해 Moreno(1946)는 텔레는 다른 사람의 실제적 특성에 대해 지각한 것을 토대로 이루어지는 상호작용이며, '지금-여기'에서 발생하는 만남의 실제적 측면을 반영하는 것이므로(김수동, 이우경, 2004), 전이라는 용어로 텔레를 설명하려는 것은 타당성이 없다고 보았다. Freud의 정신분석 이론의 주요 개념 중 하나인 전이는 유아기에 자신에게 중요한 인물로부터 느꼈던 감정이 학습되어 억압되어 있다가, 현재의 치료관계 및 일반적인 대인관계에서 무의식적으로 재연되는 관계의 패턴을 말하는 것으로 텔레와는 구별된다.

　의식 혹은 무의식의 바탕에서 일어나는 선호를 분명히 밝히는 것은 심리치료나 개인 발달에서 중요한 요소이다. 따라서 사이코드라마에서는 사람과 사람 사이 혹은 서로 다른 내적 역할과 인물들 사이에서 텔레를 확립 또는 재확립하는 것을 목표로 둔다.

4. 잉여현실

사이코드라마에서는 상상으로 가능해지는 영역, 즉 현상학적 현실을 존재의 범주로 인정하고(Moreno, 1965), 이러한 존재론적 차원을 잉여현실(surplus reality)이라고 한다.

Karp(1998)는 사이코드라마의 공간은 정상적이고 평범한 공간이라기보다는 상징적이고 시적이며 유연하고, 한 장소에서 다른 장소로 과거에서 미래로, 큰 것에서 작은 것으로, 내부에서 외부로 즉각적으로 변화되는 것이라고 설명하였다. 한마디로 잉여현실은 사이코드라마를 가장 사이코드라마답게 만드는 핵심 원리이자 기법으로, 일어나지 않을 일이나 행동을 실제로 일어난 것처럼 무대 위에서 장면을 만들고 연기하는 작업이다. 과거의 경험과 미래에 대한 불안, 절망감 등은 현재의 행동에 지대한 영향을 미치는 까닭에 과거의 일이나 미래의 일까지도 모두 탐색하는 일은 그만한 충분한 가치가 있다. 따라서 잉여현실은 주인공의 내적 욕구를 공감하고, 주인공이 원하고 필요로 하는 감정을 충족시키기 위한 장면을 구성하고, 이를 통해 주인공 스스로 자신의 보다 깊은 내면을 발견하도록 돕는 사이코드라마적 방법론이다. 그러므로 사이코드라마 디렉터는 주인공이 가기 원하는 곳이면 어디든, 심지어 비현실 세계까지도 따라가야 하는 장면 변화의 주인이 되어야 한다(Karp, 1998). Blatner(1996)는 표현 가능한 현상학적 잉여현실의 세계의 예시를 다음과 같이 제시하였다.

- 병실 침대 옆에서 사랑하는 친지에게 '작별인사'하기
- 자신의 의식을 깨우쳐 주거나 바꾸어 줄 어떤 중요한 사람과의 관계를 재조명하기
- 실제로는 일어날 수 없지만 누군가를 용서하거나 누군가에게 용서받기
- 유산한 태아에게 사과를 하고 용서를 구하기
- 임신 중에 배 속의 아이와의 참만남, 훌륭한 미래를 상상해 보기
- 성자나 예수, 신, 부처 혹은 다른 영적 실체와 참만남을 갖기
- 과거의 불운한 일에 대한 보상 차원에서 잘 먹고 보호를 받으며, 훌륭한 대접을 받는 장면을 연상하기
- 우리가 죄의식을 느낀 어떤 행위를 원상태로 회복하거나 수정하는 장면을 연기하기
- 사후에 천국에 가는 것을 상상하거나 중요한 사람들을 만나서 자신의 인생을 되돌아보며 칭찬이나 심판을 받기
- 권력자의 역할을 실연하면서 인정받고, 현실 상황에서 아주 불가능해 보이는 목표를 달성하기
- 자신의 부담을 떨쳐 버리고 해방감을 경험하거나 혹은 평범한 인간의 능력을 초월하는 힘을 과시하기
- 집단으로 원을 만들어서 손을 잡고 노래를 부르거나 신에게 기도를 드리며 협력과 통합의 환상을 만들어 내기

잉여현실을 장면화하는 과정은 먼저 주인공의 내적 욕구를 바탕으로 장면을 만들고, 겉으로 표현되는 욕구와 드러나지 않는 숨겨진 욕구를 구분하여 주인공의 숨겨진 욕구가 자연스럽게 무대 위로 드러나도록 이끌어 간다. 이어서 잉여현실을 이용한 욕구 충족의 장면을 만들어 간다. 이 모든 과정은 주인공의 자발적 참여와 관객(집단원)의 공감적 이해가 바탕이 되어야 한다.

'공감적 이해(empathic understanding)' 또는 '공명(resonance)'이 일어나는 단계적 작업을 통하여 점차 핵심 장면으로 들어가게 된다. 주인공이 원하는 마음을 만족(충족)시켜 주기 위해서는 주인공의 마음을 깊이 헤아리는 디렉터의 통찰과 주인공이 실제로 일어난 일처럼 느끼도록 적절한 장면(scene) 설정, 그리고 역할연기의 통합적인 구현이 필요하다.

사례 4

'잉여현실'의 적용

주인공은 그동안 쌓아 두었던 감정을 표현하였다. 결혼생활 내내 자신에게 든든한 지지자가 되어 주지 못한 남편에 대한 원망과 분노, 그 감정은 오랜 시간을 거슬러 온 것이었다.

...

극이 진행되면서 주인공은 시아버지를 모시고 지냈던 생활이 자신의 내적 갈등의 주요 원인이었다는 것을 깨달았다. 외국에서 장기체류하며 일을 하고 있는 남편, 남편이 외국에 나가 있는 사이에 시아버지가 주인공의 집으로 들어와 함께 살게 되면서 임신 중인 주인공은 시아버지와 단둘이 사는 상황이 되었고, 임신 중임에도 시아버지를 홀로 수발해야 하는 환경이었다. 주인공은 시아버지가 자신의 집에 와 계신 것보다 이러한 상황을 방치한 남편에 대한 원망이 더 컸기 때문에 시아버지에게 늘 순종적이고 우유부단했던 남편이 자신을 위해 용기 내어 문제를 해결해 주기 바랐다. 이에 남편이 자신의 편이 되어 문제를 해결해 주는 장면으로 잉여현실을 구성하였다.

...

잉여현실 장면이 시작되었다. 주인공은 극심한 스트레스에 시달리며 남편에게 전화를 걸었다. 주인공과 전화통화 후에 남편은 바로 귀국하였고, 시아버지에게 다른 형제의 집에서 지내시도록 청하였고, 결국 다른 형제의 집으로 가시게 되는 상황으로 잉여현실이 전개되었다.

...

자신을 지켜 주지 못한다고 생각하며 늘 원망의 대상이었던 남편이 자신을 위하여 단호한 결단을 내리는 뜻밖의 잉여현실 속에서 주인공은 감동을 받았고, 만족감을 느꼈다. 남편을 바라보는 시선도 부드러워졌고, 분노의 감정도 가라앉았다. 극이 끝나고 소감을 나누면서 주인공은 "실제 일어난 일이 아니지만 실제처럼 느껴졌다. 남편이 나를 위해서 시아버지에게 이야기하는 상황을 보면서 내 마음의 원망이 많이 사라졌다. 신기하다. 마음이 후련하다"며 변화된 자신의 마음을 관객들과 나누었다.

사이코드라마의 무대는 일상적 현실과 극적 현실(잉여, 내적, 심리적, 상징적)의 두 현실이 만나는 공간이다(Moreno, 1946). 또한 주인공과 관객, 그리고 사이코드라마 디렉터 사이의 이해와 감정적 연결(connecting)이 무대 위에서 극적으로 드러나는 순간이 바로 '잉여현실'이다. 잉여현실의 경험은 내면화된 정신적 이미지들을 외현화시켜서 사이코드라마를 보다 더 다이내믹하게 이끌어낸다.

5. 카타르시스

카타르시스(catharsis)라는 용어를 처음 사용한 Aristoteles는 『시학(侍學)』에서 카타르시스란 비극을 봄으로써 마음에 쌓여 있던 우울함과 불안감, 긴장감 따위가 해소되고, 마음의 정화(catharsis)가 일어나는 것으로 관객에게까지 미치는 중요한 작용이라고 하였다.

Freud 이후에 카타르시스는 정신분석학의 주요 개념으로 사용되었고, 무의식에 억압된 마음의 상처나 콤플렉스, 억울한 기억이나 감정을 말, 행위, 감정으로 발산시켜서 스트레스나 긴장을 완화시키는 것으로 정의하며, 정화(淨化), 혹은 제반응(除反應, abreaction)이라고 개념화하였다(Dayton, 1994).

사이코드라마에서 카타르시스는 자기표현과 자발성이 강화된 자기표현의 절정이라고 할 수 있다. 자기표현은 단지 정서를 표출하는 것 이상으로 지각된 내적·외적 현실과 자기 및 대상, 표상, 가치, 방어, 신체 이미지 등으로 표현된다(김수동, 이우경, 2004). 이러한 카타르시스 효과는 주인공의 내면과 보조자아, 실연의 내용을 동일시하는 관객 모두에게서 나타난다. 사이코드라마의 실연(enactment)은 '나'를 돌아보게 하는 거울이 되고, 카타르시스는 실제로 극적이고 명료한 설명을 이끌어 내기 때문에 주인공의 성공적인 카타르시스 경험은 주인공 자신에게만 긍정적인 영향을 끼치는 것이 아니라 집단 전체의 자발성을 증진시키는 효과를 가져온다.

카타르시스 효과를 지지하는 사람들은 카타르시스 자체만으로도 즉각적인 치료효과가 있다고 주장하지만, 이 효과에 의문을 품는 사람들은 카타르시스를 통한 안도감은 일시적인 것이며, 시간이 흐르면 긴장감이 다시 나타나므로 정서 표현이 반드시 긴장 해소로 이어지는 것은 아니라는 견해를 가진다. 분노를 표현한다고 해서 대인관계 갈등이 해소되는 것은 아니라는 것이다. 그러나 감정을 담아 두면 자유롭지 못하고 억압받는 느낌을 가지지만 감정을 표현하고 나면 자유로워지는 감정과 함께 합리적이고 논리적인 사고를 할 수 있는 심리적 여유를 가지게 된다. 긴장 감소가 고통을 경감시키듯이, 누군가에게 어려움을 털어놓고 나면 심리적 압박감이 줄어들게 되는 것이다. 이러한 정서적 카타르시스는 통합에 이르는 첫 단계가 되기 때문에(Dayton, 1994) 큰 의미가 있다.

사이코드라마에서는 카타르시스를 통한 극대화된 표현, 그 자체를 목표로 두지 않으며, 주인공의 카타르시스적 표현이 있고 나면 디렉터는 주인공의 정서적 혼란을 서서히 줄여 나가도록 도와야 한다. 진정한 성장과 변화를 위해서는 통합의 카타르시스를 경험해야 하기 때문이고, Freud의 설명처럼 제반응의 정화가 구체화되어야 한다. 예를 들어, 어머니에 대한 억압된 분노로 신체적 증상을 가진 사람이 어머니에 대한 분노가 해소되고 나서 신체적 증상이 사라지게 되는 것과 같은 것이다. 따라서 정서적 카타르시스는 명료화되고 구체화되어 통합(integration)의 카타르시스에 이르러야 하며, 궁극적으로는 균형 잡힌 태도와 삶의 상황에 보다 더 적절하고 효과적인 반응으로 발전해 나가야 한다. 더불어 새로운 대처 전략과 대인관계를 학습시키고 불완전한 감정을 완전한 감정으로 변형시키는 것과 같은 재통합(김수동, 이우경, 2004)의 과정으로 연결 되어야 한다.

토론

1. 자신의 행위에 대한 갈망을 되돌아보고, '행동은 생각과 감정을 구체화시킨다'의 자기 경험 사례를 구체화시켜 본다.

2. 당신이 선호하는 대상들의 텔레 신호를 탐색해 보고, 의미별로 정리한다.

3. 감정에 지배당한 자신의 경험과 카타르시스의 직간접적 경험에 대해 탐색한다.

3장 ─────── 사이코드라마의 구성 요소

Psychodrama

1. 무대

사이코드라마에서 무대(stage)는 주인공의 이야기를 펼치는 장소(space)이
며, 현실의 삶을 반영하는 가상의 역할극을 꾸미는 장소(universe)이다. 사이코
드라마에서 무대를 제공한다는 것은 주인공으로 하여금 자신을 만나 내면의
여행을 떠나도록 하는 것이다. 주인공은 실제적 삶뿐만 아니라 자신만의 독특
한 삶의 어떤 부분들을 세부적으로 재연함으로써 본질을 찾아 나가게 된다. 그
러한 작업을 통해 주인공은 과거의 상처를 치유하고, 창의적이고 자발적인 자
아와 지속적인 유대관계를 유지할 수 있게 된다. 이처럼 한계가 없는 세계, 내
담자의 실제와 가상의 자아 모두를 만날 수 있는 치료 환경을 만들어 주는 것이
살아 있는 무대, 즉 사이코드라마이다(Dayton, 2005).

Moreno는 주인공이 표현하고 싶은 상황의 설정을 극대화하기 위해 전체 극
장의 절반에 해당하는 크기를 무대에 할애하고 3층으로 된 연단과 발코니, 조
명 시설을 갖춘 무대를 만들었다. 개개인이 살아왔던 삶의 모습들이 무대 위에
서 펼쳐지기 위해서는 무대에 다채로움을 더하는 것이 필요하다는 것이 취지
였고, 개인의 공간을 실감나게 구성하는 것은 그 사람에게 실제 그곳에 있는 것
같은, 그 공간에 존재하는 느낌을 제공하기 위해서였다(Karp, 1998).

사이코드라마 디렉터의 주된 책임 중 하나는 주인공과 집단의 안전이다. 준
비된 무대가 행위 기법을 운영하기에 안전한 시설인지, 날카로운 모서리는 없
는지를 살펴야 하며, 상상하는 어떤 공간도 만들어 갈 수 있도록 평평한 벽과
마룻바닥이 가장 좋다. 주인공과 연기자들 사이의 거리를 표현할 수 있는 공간

확보도 중요한 요소이며, 무대와 관객 간의 접촉 거리와 바라보는 방향도 고려되어야 한다. 사이코드라마는 주인공과 보조자아, 관객과 디렉터가 함께 참여할 수 있어야 하기 때문이다.

무대를 비추는 조명은 몰입과 감정적 정화에 효과적이다. 주인공의 서사에 따른 장면 연출과 그에 어울리는 조명은 무대 위의 주인공과 무대를 바라보는 관객의 감정이입 효과를 극대화시킨다. 예를 들면, 파란색은 꿈이나 죽음을 상징하는 무대 연출에, 초록색은 정원이나 숲속, 빨간색은 분노와 고통스러운 장면, 노란색은 밝은 기분과 햇볕을 상징적으로 느끼게 한다. 주인공의 감정이 절정에 이르렀을 때는 무대를 제외한 다른 공간의 조명을 어둡게 하여 주인공의 감정 몰입을 향상시켜 나가는 것이 필요하다.

그러나 사이코드라마를 위해 충분하게 갖추어진 무대를 만날 수 있는 경우는 극히 제한적이다. 현실적으로는 체육관, 강의실, 회의실 등이 무대로 활용되는 경우가 많다. 사이코드라마는 참가자들의 상상을 원천으로 진행되므로 (김수동, 이우경, 2004) 장소를 구체적으로 제약하지 않는 환경 하에서도 가능하다. 반드시 무대가 있어야 하거나 특별한 도구가 있어야 하는 것은 아니며, 참가자들이 편안해 하고 친밀감을 느낄 수 있는 공간이라면 어디든지 가능하다. 다만, 몰입을 위해 개방적이거나 소음이 발생하는 곳은 적합하지 않으며, 조명과 의자와 탁자를 활용할 만한 기본적인 공간 확보는 중요한 사항이다.

저자가 운영하는 한국에니어드라마연구원에는 최대 30명까지 참여할 수 있는 사이코
드라마 전용 소극장이 있다. 3~5명 정도가 극을 펼칠 수 있는 나무로 된 타원형의 무
대. 무대는 전체 공간의 1/3 크기를 차지하며, 무대와 관객의 위치는 분리될 수 없을
만큼 가깝다. 무대만을 비출 수 있는 조명과 음향, 탁자와 의자, 다양한 소품이 주인공
의 생활을 재현할 수 있도록 준비되어 있다.

사이코드라마 무대 준비

교육장은 원탁 6개가 3개씩 2열로 배치되어 있는 소규모의 강의실이었다. 사이코드라마를 위한 설비들, 즉 무대, 조명, 음향 등의 장치는 없었고, 대학 강의실과 같은 공간이었다. 사이코드라마를 위한 공간을 재구성하기 위해 책상 3개만을 남기고 강의실에 있는 책상과 의자를 모두 강의실 뒤편으로 밀어 놓았고, 강의실 앞쪽 공간으로 '무대'를 설정하였다.

강의실을 변환하여 사이코드라마 무대로 사용하는 예시

2. 주인공

고대 그리스 연극에서 주연 배우를 프로타고니스트(protagonist)라고 부른 것에서 착안하여 Moreno는 사이코드라마의 주인공을 프로타고니스트로 명명하였다. 보통은 축약하여 프로타(prota)라고 부르며, 프로타(주인공)는 극의 주인이자 사이코드라마의 극 공연에서 가장 중요한 역할을 수행한다.

일반적으로 사이코드라마의 준비 단계인 웜업이 끝난 직후, 두 번째 단계인 행위화(enactment)의 시작부에 자발적인 참여 방법으로 주인공을 선정한다. 웜업이 끝나고 나면 이미 행위갈망이 높아졌기 때문에 대개는 주인공 역할을 자원하는 사람이 나타나지만, 디렉터는 집단에게 주인공 역할을 원하는 사람이 있는지 물어본다. 만약 웜업이 끝난 후에도 주인공을 자원하는 사람이 없다면 집단의 자발성과 응집력을 높이는 준비 작업의 부족을 점검해 볼 필요가 있다. 또는 집단에 대한 정보 취합과 분석, 구체적인 웜업 설계의 부적절성도 주요 원인이 될 수 있다. 디렉터가 집단의 성격과 움직임에 대한 이해와 분석이 부족하여 적절하게 대응하기 어려웠다면 자발적인 주인공의 등장에서도 어려움이 나타난다.

사이코드라마의 주인공은 참가자들 중 가장 자발성이 높은 사람이다. 또는 주인공을 결정하는 순간에 가장 높은 자발성을 보이는 사람이라고 할 수 있다. 그래서 주인공의 의사를 가장 먼저 밝힌 참가자를 주인공으로 결정하는 것이 효과적이다. 그러나 2명 이상이 동시에 주인공의 의사를 밝힌다면 디렉터는 몇 가지의 방법을 이용하여 선정할 수 있다.

첫째, 극의 시작부터 집단 전체를 바라보고 함께 작업해 온 디렉터의 관점과 텔레를 토대로 그날에 가장 적합한 주인공을 선택하는 것이다. 가장 간단한 방법이고, 디렉터의 숙련도에 따라 최상의 주인공을 선택하게 된다는 장점이 있지만, 디렉터의 주관적 관점에 따른다는 단점이 있다. 특히, 디렉터의 역전이(countertransference)를 고려하지 않았다면 사이코드라마의 궁극적인 목적과는 다른 방향으로 극이 진행될 수 있다. 예컨대, 디렉터가 불편함을 느끼는 주제들과 연령대, 갈등을 배제시키거나 무의식적으로 익숙하고 편한 주인공을 선택하는 오류를 범하게 된다.

둘째, 디렉터의 개입을 줄이고 동시에 집단원의 참여도를 높이는 사회측정학적 방법을 활용하여 주인공을 선택하는 것이다. 만약 10명 미만의 소집단이라면 주인공으로 적합한 사람이 누구인지를 관객들에게 직접 물어보는 과정을 거쳐서 가장 많은 지지를 받은 주인공 후보자를 선택할 수도 있다. 그러나 집단의 크기가 클수록 많은 시간 소모와 자칫 지루해지는 단점이 있다.

셋째, 집단의 크기가 클 때 효과적으로 사용할 수 있는 사회측정학적 방법인 액션 소시오그램을 적용하는 것이다. 관객들이 자신이 선호하는 주인공의 앞에 가서 줄을 서거나 그 사람의 어깨에 손을 짚어서 자신의 선택을 공개하는 방법이다. 이는 집단의 선택을 행동으로 나타내고, 자신들의 선택이 매우 중요한 결정을 만들 수 있음을 직접 경험하도록 한다. 이 과정에서 주요하게 고려되어야 하는 것은 선택되지 못한 집단원에 대한 심리적 배려이다. 용기를 내서 무대 위로 올라와 주인공을 자원하였으나 선택받지 못했다면 마음에 상처를 입거나 부정적인 피드백으로 받아들일 수 있기 때문이다.

디렉터는 사이코드라마가 참가자 전체를 대상으로 하는 집단치료라는 명료한 인식을 가지고 참가자 한 사람 한 사람을 세심하게 살필 뿐만 아니라, 선정되지 못한 자원자를 위해서 빈 의자 또는 비네트(vignette) 기법을 바로 진행하여 집단 전체의 욕구를 만족시키고 신뢰도를 향상시킬 수 있다. 반면, 병적 자발성의 예로서 자기과시 욕구로 주인공을 자원하거나, 스스로 불안감을 견디지 못하고 충동적으로 자원하는 참가자들을 구별할 수 있어야 하고, 주인공의 역할 수행 여부에 대해 디렉터는 심사숙고해야 한다.

주인공은 마치 배우처럼 연기를 잘할 필요는 없다. 오히려 주인공의 내적 세계가 무대 위로 투영(projection)되도록, 있는 그대로의 자신을 드러낼 수 있도록 디렉터가 극을 이끌어 주는 것이 필요하다. 저자는 주인공의 마음이 온전히 자신에게 집중되어 진실하게 현실에 반영되도록, 극 중 장면을 선정하고 보조자아를 선택하는 과정에서 주인공에게 권한을 부여한다. 이와 같은 접근은 주인공의 자발성을 촉진시키고, 관객들이 주인공과 작업할 수 있는 기회를 제공한다. 주인공의 자발성이 촉진되면 보조자아와 관객 또한 주인공의 현실을 투영해 내는 거울과 같은 역할을 수행하게 될 것이다.

3. 디렉터

연극이나 영화의 연출가와 같은 의미로, 사이코드라마의 진행자 혹은 연출가를 디렉터(director)라고 부른다. 사이코드라마에서 'diretion' 또는 'directing'이란 '사이코드라마를 이끌고 나간다', 또는 '사이코드라마 연출'을 의미한다.

하나의 영화를 일컬을 때, '○○○ 감독의 영화'라고 표현하는 이유는 감독의 세계관, 인생관, 예술관 등이 그 영화에 녹아 있기 때문이다. 마찬가지로 사이코드라마에서도 디렉터의 가치관과 예술관, 치료자적 관점이 모두 녹아 있기 때문에 동일한 주인공의 이야기라고 하더라도 진행하는 디렉터에 따라 극의 흐름과 결말이 달라진다. 그래서 치료예술의 관점에서 사이코드라마는 디렉터의 극(drama)이라고 할 수 있다. 그렇다고 할지라도 사이코드라마 극의 주인은 주인공이며, 디렉터는 주인공의 이야기 속에서 단서들을 수집하고 극을 구조화시키는 공동연출가이다.

사이코드라마의 무대에서 디렉터는 연출가 및 집단지도자의 역할을 맡는다. 사이코드라마의 현장이 매 순간 '지금-여기'인 듯이 생동감을 부여하고, 주인공이 자신의 문제를 자발적으로 행위하도록 격려해야 한다. 주인공이 자신의 문제를 자발적으로 이야기하도록 하고, 디렉터는 의미 없어 보이던 것들을 실제 의미 있는 것이 되도록 구조화해 나가는 것이다.

Zerka Moreno는 좋은 디렉터의 자질로 인내심과 호기심을 가진 정서적 에너지와 두려움이 없는 용기, 열정과 타이밍의 감각, 인정할 수 있는 정직한 태도와 유머감각, 유연성과 겸손함, 주인공의 입장을 존중하고 대변하는 태도, 방해하지 않는 접근과 상상력, 법률이나 관습에 구속되지 않는 태도, 언급하지 않은 것을 들을 수 있는 제3의 귀, 주인공과 보조자아를 부드럽게 인터뷰할 수 있는 능력, 주인공의 편에 서고 필요하다면 그 이상을 뛰어넘을 수 있는 에너지, 주인공의 말을 중단시키고 행위로 들어가야 할 시점과 우아한 종결로 마무리할 시점을 아는 것, 주인공의 준비를 무력화시켜서 주인공의 마음을 흔들 줄 알고 결정적인 판단을 불필요하게 만들어 버리는 능력을 강조하였다.

그 외에도 사이코드라마 디렉터는 인간 및 심리 이론에 정통해야 하며, 정신병리(psychopathology)에도 깊은 이해를 가져야 한다. 사이코드라마의 기본 원리와 실행 규칙과 같은 사이코드라마 전반에 걸친 이해와 교육은 필수적이며, 사이코드라마의 반복적 경험을 통해 숙련되어야 한다. 또한 역할연기를 잘 활용하기 위해서는 연극(drama)과 예술(art)적 요소들의 치유적인(healing) 효과에 대한 폭넓은 이해가 요구된다.

전형적인 사이코드라마에서 주인공의 이야기와 행위갈망은 가장 중요한 드라마의 동기(motivation)가 된다. 디렉터는 주인공의 이야기와 욕구를 무대 위에서 충실히 구현해 내는 수행비서(secretary)와 같은 역할을 하면서 주인공을 위한 무대를 만들어 간다. 그러나 주인공의 이야기를 소재로만 이용하고 디렉터의 관점에 맞추어 사이코드라마를 끌고 가는 것은 부적절한 디렉팅의 예로, 두 가지 정도의 원인을 생각할 수 있다.

첫째, 사이코드라마 디렉터의 불안(anxiety)이다. 숙련 기간이 짧은 디렉터의 경우, 과다하게 긴장한 나머지 주인공의 이야기에 온전히 공감을 하지 못하고 디렉터 자신의 관점으로 극을 몰고 가는 경향이 있다. 사이코드라마는 즉흥의 예술이기 때문에 극의 흐름과 결론을 예측하는 것이 어려운 것은 당연한 일이지만, '예측이 안 된다는 것' '나아가야 할 방향을 모르는 상태에 계속 머무르는 것'은 디렉터에게 불안과 긴장을 야기한다. 이러한 압박감에서 벗어나기 위해서 디렉터는 판단을 서두르게 되고 자신의 내적 흐름에 따라 사이코드라마를 이끌게 된다.

둘째, 사이코드라마 디렉터의 자만 또는 자기과신(overcofidence)이다. 앞서 이야기한 것과는 반대로 대개 충분한 경험을 쌓은 디렉터들이 행하는 실수로, 디렉터 자신의 역량을 지나치게 믿거나 모든 것을 해결해 줄 수 있다는 전능감

에 빠질 때 주인공은 극의 소품으로 전락하고, 결과적으로 디렉터가 '주인공'
이 된다. 디렉터는 자신이 모든 것을 해결해 줄 수 있다는 환상에서 빠져나와야
하고, 또한 개방적으로 현실을 직시해야 한다. 사이코드라마에 참석한 주인공,
관객, 디렉터가 함께 연결(tele)되고, 공감으로 함께 어우러져서 자발성이 확장
될 때 통찰과 깨달음, 변화가 일어난다.

　디렉터의 자만과 자기과신은 책임감의 형태로도 나타나는데, 디렉터가 자
신의 소임을 다하는 데 집중하기보다는 지나친 책임감으로 과도하고 주도적
인 개입과 진행을 하게 됨으로써 주인공의 자발성을 위축시키고, 주인공 스스
로 경험하고 해결할 수 있는 기회를 빼앗게 된다. 주인공이 무대에 올라오는 순
간부터 극이 끝나는 순간까지 디렉터는 주인공을 안전하게 그리고 효율적으로
안내하는 가이드(guide)의 역할에 최선을 다하는 것으로 충분하다. 디렉터는
숙련된 안내자로서 주인공의 주관성을 존중하고 수용함으로써 그 책임을 완수
할 수 있다. 나아가 집단원 간에 상호 연결과 이해, 공감이 일어나도록 이끌어
가는 것이 디렉터의 역할이다.

　사이코드라마는 집단과 주인공, 그리고 디렉터가 섬세하고 미묘하게 상호작
용을 일으킨다. 있는 그대로를 수용할 수 있는 디렉터의 태도는 어떠한 상황과
맥락에서도 공감 능력을 높이며, 신뢰감을 바탕으로 한 즉흥성과 안정성이 작
동하는 역동적인 사이코드라마의 환경을 창조해 낸다. 따라서 디렉터는 자신
의 과다한 기대나 의도된 계획에 의해 사이코드라마가 경직되지 않도록 디렉
터 자신을 통찰하고 훈련해 나가야 한다.

4. 보조자아

보조자아(auxiliary ego)는 주인공 외에 사이코드라마에 참여하는 역할연기자로, 주인공의 삶 속에서 중요한 영향을 미친 인물 또는 주인공의 내면 속의 다양한 측면을 재현하는 역할을 담당한다. 사이코드라마는 주인공이 경험하는 현실을 가상의 무대로 옮겨 오는 작업을 하는 것이고, 보조자아는 주인공이 재연하고자 하는 상황 속으로 주인공을 깊이 끌어들이는 환경이 되어 준다.

Zerka Moreno는 보조자아의 다섯 가지 역할을 제시하였는데, 첫째, 주인공이 요구하는 역할을 연기하는 것, 둘째, 주인공이 재연 인물을 어떻게 인지하는지에 근거해서 가장 비슷하게 연기하는 것, 셋째, 자신과의 상호작용에서 어떤 일이 진행되는지를 확인하는 것, 넷째, 역할을 바꾸어 주인공의 내면세계를 이해하는 것, 다섯째, 가상인물이 아닌 현실 속 인물과의 만남을 주선하여 주인공이 현실과 연결되도록 하는 것이다. 따라서 보조자아는 주인공의 욕구를 만족시키기 위해 자신의 욕구를 억제함과 동시에 주인공이 삶에서 만나는 대상들에 대한 생각과 감정을 보다 자연스럽게 떠올리고 표현할 수 있도록 역할연기를 해야 한다.

현실감 있는 보조자아의 역할연기는 주인공의 심리적 문제뿐만 아니라 보조자아 혹은 관객의 심리적 좌절이나 고통의 근원에 대한 통찰을 제공한다. 예를 들어, 아버지에 대한 억눌린 감정을 가진 보조자아가 화를 잘 내는 아버지의 역할을 연기하는 것은 주인공이 상황에 몰입할 수 있는 기회를 제공할 뿐만 아니라, 보조자아인 자신의 과거 경험에 대한 객관적인 조망, 혹은 주인공과 보조자아, 관객에 이르기까지 어린 시절의 내면 역동을 바라보게 한다.

사례 6

보조자아의 선정

주인공(protagonist)이 결정되고, 본 작업이 시작되었다. 주인공은 남편에 대한 분노와 서운한 마음을 해결하고 싶어 했고, 집단은 함께 마음 여행을 떠나게 되었다.

주인공에게 "지금 이 순간 가장 만나고 싶은 사람은 누구인가?"라고 물었을 때 주인공은 남편을 만나고 싶다고 하였다. 주인공은 관객들 중에서 남편과 비슷한 인상을 가진 남성을 자신의 남편 역할을 할 사람으로 선택하였고, 남편 역할로 선택받은 남성 참가자는 당황한 기색이었으나 곧 결심한 듯 무대에 올랐다. 이제 주인공과 보조자아, 디렉터는 주인공의 삶을 무대에 올리기 위한 같은 목표를 가지고 준비하게 된다. 극이 끝난 후, 보조자아로 선정된 남성 참가자는 극 중 남편의 역할과 자신이 상당 부분 닮은 면이 있다고 고백하였다.

5. 관객

사이코드라마에서 주인공과 보조자아를 제외한 사람들을 관객(audience), 청중 또는 집단이라고 부른다. 일반적으로 사이코드라마의 집단은 5~15명 정도로 운영되지만(Karp, 1998), 집단이 더 적거나 크더라도 참여 준비만 되어 있다면 충분히 가능하다. Moreno는 수백 명의 관객들과 공개적인 회기를 진행한 적이 있으며, 저자도 최소 한 명부터 백여 명의 관객들과 함께 회기를 진행한 적이 있다. 7~15명 정도의 집단에서는 집단원 개개인에 대해 관심을 기울일 수 있어 응집력이 증가되는 반면, 5명 이하의 너무 적은 수의 집단에서는 집단원 간의 상호작용의 감소와 응집력 약화, 집단치료 효과의 감소 등의 단점이 있다.

집단원의 수가 많아지면 집단원 간의 상호작용의 증가로 집단치료 효과는 높아질 수 있지만, 집단원이 너무 많은 경우에는 집단원에 대한 관심사가 분산되어, 단순 참가자 혹은 방관자가 늘어날 수 있다. 그 결과 집단의 응집력은 오히려 감소되고 집단 내의 공감과 지지는 약화되어, 주인공을 포함한 집단원의 자발성이 감소되는 부작용이 나타난다. 따라서 10~15명 정도의 집단을 가장 이상적인 형태로 볼 수 있다.

사이코드라마에 참가하는 관객들은 관객에서 주인공으로, 또 보조자아로 그 역할들이 변화해 간다. 내향적이거나 낮은 자존감으로 대중 앞에 나서는 것을 두려워하는 관객이 주인공이 되면서 용기 있는 도전을 하게 되며, 관객들 중 일부는 주인공의 의사에 따라 역할연기자(보조자아)가 되어 주인공의 요구에 맞는 역할연기를 하게 된다. 주인공의 요구에 따른다고 할지라도 역할연기자(보조자아)들의 심리, 문화, 사회적 특성들은 그 역할연기에서도 자연스럽게 드러나기 마련이며, 그 역할의 복합성이나 다양성은 집단 내에 상호 영향을 미치는 요소로 나타난다.

관객들의 공감과 감정이입에 따른 탄성, 눈물 등은 때로 약한 자아를 가진 주인공의 강력한 이중자아가 되어 주기도 하며, 주인공이 감정을 극대화해서 표현할 수 있도록 힘을 실어 준다. 또한 주인공, 보조자아를 비롯한 모든 집단원이 안전하게 치유되도록 강력한 지지 수단이 되어 준다. 이와 같이 집단은 주인공이 그들의 드라마를 실연하는 치료적 배경이 되는 것이다(Dayton, 2005).

사이코드라마의 치유의 과정이 완성되기 위해서는 사이코드라마가 진행되는 동안에 공유되었던 감정과 경험들을 충분히 나누게 하는 것이 중요하다. 사이코드라마의 마지막 단계인 나눔(sharing)의 단계에서 관객은 단순한 피드백을 넘어 주인공의 삶과 더불어 명료해진 자기 내면의 경험과 감정을 나누게 된다. 이 시간을 통해 관객 또한 진실한 자신과 만나게 되고, 타인들과 내적으로 연결되는 신비함을 경험하면서 내면의 성장으로 나아가게 된다.

토론

1. 집단원이 돌아가면서 무대 위의 빈 의자에 앉아 독백 형식으로 해결 과제를 이야기한다. 모든 작업이 끝나면 서로 느낌을 나누고, 사이코드라마 무대에 올라선 주인공이 가질 수 있는 감정들에 대해 토론한다.

2. 디렉터의 역전이가 일어날 수 있는 다양한 상황에 대해 나열하고 토론한다.

3. 주인공과 보조자아, 그리고 관객의 역할이 사이코드라마 진행 시에 어떻게 변화할 수 있는지 토론한다.

4. Zerka Moreno의 디렉터의 자질 목록 중 자신이 상대적으로 갖추고 있는 항목과 부족한 항목을 구별하고 정리한다.

4장

사이코드라마의 기본 구조

Psychodrama

1. 웜업

2. 행위화

3. 나눔

사이코드라마의 기본 구조는 웜업(warm-up), 행위화(enactment), 나눔(sharing)의 세 구조로 이루어져 있다. 사이코드라마는 주변에서 시작하여 중심을 향해 진행되고, 다시 주변으로 나오는 과정으로 진행된다. 웜업 단계에서 디렉터는 집단과 주인공의 자발성을 서서히 끌어올리고 다가올 행위화 작업을 준비하게 된다. 웜업을 통해 행위갈망이 높아진 주인공이 무대 위에서 자신의 삶을 이야기하면 주인공을 중심으로 한 역할연기가 시작되고, 디렉터와 관객은 주인공의 이야기에 공명(resonance)하면서 극에 참여하게 된다. 행위화를 통해 주인공의 내면을 탐색하고, 주인공의 실제 현실과 잉여현실을 함께 체험하면서 마지막으로 주인공의 이야기에 공감한 관객이 자신의 이야기를 들려주는 나눔 단계로 진행된다. 이러한 구조적 단계는 자발성의 준비와 도약의 과정으로 깊이 연결되어 있어서 어느 하나가 빠져도 사이코드라마라고 부를 수 없게 된다.

1. 웜업

집단의 수와 특성, 집단에 대한 정보를 파악하여 어떤 주제로 어떤 방법들을 사용하여 웜업 작업을 할 것인지 구체적인 사항을 구상하고 준비하는 것부터 웜업의 시작이다. 웜업은 행위화를 준비하는 사이코드라마의 제1단계로, 주인공이 디렉터와 집단, 그리고 사이코드라마의 방법을 신뢰할 수 있도록 안전망을 만들어 가는 것이다.

첫 스텝(step)은 집단에게 사이코드라마를 설명하는 것으로부터 시작된다. 사이코드라마의 목적과 방향성을 설명하고, 디렉터 자신을 소개함으로써 안전함과 신뢰감을 쌓아 가고, 디렉터는 집단과 함께 자발성을 높여 나간다. 이러한 작업의 효과를 촉진시키기 위해서 Moreno는 모든 사람과 편안하게 이야기를 나누며 참만남을 가지는 것으로 웜업의 문을 열기도 하였다. 각본 없는 드라마인 사이코드라마에서 극 진행의 초반 작업인 웜업은 같은 공간에 모인 사람들이 서로를 느끼고 알아 가면서 낯선 느낌을 줄이고 동질감을 높여 가는 과정이다.

웜업은 언어적(verbal) · 비언어적(nonverbal) 준비 작업으로 구분하여 순차적으로 진행하기도 하고, 때로는 통합적으로 진행하기도 한다. 언어적 준비 작업은 관객들이 자신을 자연스럽게 드러내고 타인을 개방적으로 수용할 수 있도록 '집단 앞에서 상대방을 소개하기' '이야기 이어 만들기'와 같은 대화 중심으로 진행된다. 비언어적 준비 작업은 가벼운 율동이나 체조, 스포츠 게임 등 주로 신체를 이용한 활동으로 진행된다.

신체적 활동은 간단한 동작에서 큰 동작으로, 소집단에서 전체 집단이 함께 참여하는 활동으로 확대해 나가고, 작은 목소리에서 점점 더 큰 목소리로, 개인 활동에서 전체 활동으로 확장시켜 나간다. 이렇게 긴장된 신체를 이완시킴으로써 정서적 이완과 개방적인 태도, 친밀감은 향상되어 간다.

사례 7

웜업-집단의 파악과 디렉터 소개하기

이번 그룹은 집단의 남녀 구성 비율이 비슷하여 양호한 참여도를 보였다. 일반적으로 남성으로만 이루어진 집단은 자발성을 촉진시키는 데 어려움이 따르는 경우가 많다. 남성은 여성에 비해서 심리적 접근을 부담스러워하고, 보다 더 방어적인 경향이 있기 때문이다. 그러므로 프로그램에 참여하고자 하는 마음, 즉 자발성이 낮은 집단의 자발성을 어떻게 끌어올리느냐 하는 것은 사이코드라마의 초기 작업에서 중요하다.

…

본 회기의 참가자들은 30대 초반에서 50대 중반까지 고른 분포를 보였고, 2명의 남성을 제외하고는 모두 기혼자였다. 제복을 벗고 사복으로 참여하도록 한 것도 계급과 형식에서 좀 더 자유로워질 수 있는 환경이 되었다. 첫 대면에서 서로 긴장감을 낮추고 경계심을 풀도록 상황을 이끄는 것은 자발성 증진에 중요하다. 집단원에게 사이코드라마 디렉터인 저자를 소개하는 것으로 시작하여 디렉터 자신의 이력을 알려 주고 사이코드라마가 무엇인지, 그리고 오늘 우리가 무엇을 할 것인지를 집단에게 성실하게 설명해 줌으로써 상호 관계를 구축하고, 자발성을 바탕으로 하는 사이코드라마를 이끌어 가리라는 신뢰감을 조성하였다.

김수동과 이우경(2004)은 그들의 저서 『사이코드라마의 이론과 적용』에서 다양한 웜업 기법을 소개하였는데, 대표적인 웜업 기법으로는 마술가게(magic shop)를 꼽을 수 있다.

마술가게는 누구든지 원하는 것을 살 수 있는 가게로, 마음과 마음을 바꿀 수 있고, 죽은 사람이나 보고 싶은 사람도 만날 수 있으며, 어떤 일이든지 가능한 상상의 나래를 펼칠 수 있는 가게이다. 과거, 현재, 미래로 시간을 초월하여 어느 시기로든 갈 수 있고, 성격의 일면들을 물물교환해서 바꿀 수 있으며, 자신이 원하는 것은 무엇이든 다 가질 수 있는 가게이다. 집단원 개개인의 화나고 슬프고 질투와 시기 때문에 괴로운 마음을 마술가게에서 원하는 마음으로 바꿀 수도 있다.

마술가게와 유사한 기법으로 **요술 쓰레기통**이 있다. 쓰레기통을 상징화하는 물건을 무대에 올려놓고, 화, 분노, 이기심, 강박 등, 버리고 싶은 모든 것을 버리게 한 후에 느낌을 나누도록 하는 기법으로, 주인공 선정에 도움이 되는 기법이다.

언어적인 기법으로는 2인 1조로 짝을 이루어 가장 감명 깊었던 이야기를 나누는 방법, 하나의 사물을 두고 그 사물에 대한 긍정적인 느낌들을 지각한 대로 말로 표현하는 기법이 있다. 예를 들어, '예쁘다' '따뜻한 느낌이 든다' '슬픈 마음이 든다' 등으로 표현하면서 자발성을 향상시켜 가는 작업이다.

감정 표현 기법은 숫자가 커질수록 목소리를 더 크게 내도록 한 다음, 숫자 대신에 '행복하다' '화난다' '우울하다'와 같은 자신의 감정을 점점 목소리를 키워 말하고, 다시 점점 작게 말하는 기법이다. 자신의 긍정적이고 부정적인 감정을 표현하는 것은 자기수용에 중요한 영향을 미치고, 자존감을 향상시킨다. 또한 높은 자존감은 자발성과 창의성 표현에 중요한 요소가 되기 때문에 전체 집단의 자발성 증진에도 효과적이다.

신체적인 활동 요법으로는 이완효과가 있는 '제자리에서 뛰기' 혹은 '호흡' 기법, 두 사람씩 짝을 지어 상대방의 발이 바닥에서 떨어지도록 하는 '손바닥 밀기' 기법, 무대 위를 자유롭게 돌아다니면서 만나는 사람마다 자유로운 방법으로 인사를 하는 '돌아다니기' 기법이 있다. 또 디렉터나 보조진행자가 공을 던지면서 질문을 하면 공을 받은 사람은 질문에 대한 답을 하고 다른 사람에게 공을 토스하는 '공 던지기' 기법, 한 장의 카드를 고른 다음에 큰 소리로 카드의 내용을 읽고 5초 이내로 해당 내용을 행동으로 옮기도록 하는 기법도 있다. '손뼉을 치며 제자리에서 뛰세요' 혹은 '집단원 중 한 사람을 웃겨 보세요'와 같은 간단한 지시문을 사용하도록 한다.

'역할 바꾸기(role reversal)' 기법은 매우 간단한 웝업 기법 중 하나로, 자신의 상황을 역할연기로 표현하는 방법이다. 평소에 타인에게서 듣고 싶었던 말, '네가 많이 노력하고 있다는 걸 알아'와 같은 말을 자신의 역할을 하고 있는 사람에게 들려주는 기법이다. '내면의 상처받은 아이' 기법은 눈을 감고 어린 시절에 상처받은 자신을 떠올리도록 한 다음, 집단원 중에서 자신의 어린 시절 역할을 할 만한 사람을 정하고, 자신은 어린 시절에 자신에게 가장 의미 있었던 가족이나 타인이 되어 자신의 역할을 하는 집단원을 안아 주거나 위로해 주는 기법으로, 자신의 상황을 객관화시키고 상처받은 자신의 마음을 공감해 주는 효과가 있다.

가족역동을 직관적으로 이해하도록 도와주는 '가족 조각' 기법은 자신이 원하는 가족상을 그려 보도록 한 다음, 집단원 중에서 가족 구성원을 선택하여 조각상을 빚듯이 가족 구성원의 위치, 거리, 자세, 얼굴 표정, 시선 등을 만들도록 하는 것이다. 스스로 인지하지도 못한 가족에 대한 소망과 억제가 어떻게 작용하고 있는지를 간접 경험할 수 있는 작업이다.

자발성과 감정 표현 훈련에 효과적인 웜업 기법으로는 '빈 의자' 기법이 있다. 이야기를 나누고 싶은 사람이 빈 의자에 앉아 있다고 상상하면서 하고 싶은 이야기를 하는 것이다. 연관되는 기법으로 여러 명을 앉힐 수 있는 '다중 의자' 기법과 '3개의 빈 의자' 기법이 있다. 3개의 빈 의자 중 첫 번째 의자는 바로 두고, 두 번째 의자는 엎어 놓고, 나머지 의자는 반대 방향을 바라보도록 뒤집어 놓고서 자신은 어느 의자에 앉기를 원하는지 자신의 내면을 투사하는 기법이다.

'텔레 게임'은 오감을 통해 공간을 느낄 수 있도록 여유 있게 주변을 걷다가, 점점 빠르게 혹은 중간 정도로 걷다가 이야기하고 싶은 집단원이 나타나면 지금 이 순간의 느낌을 말하도록 하고, 다시금 방안을 돌아다니다가 마음에 끌리는 사람 앞에 다가가서 자신의 두려움이나 평상시에 감추고 싶어 하는 부분 등에 대해 말하도록 하는 방법이다. 연관되는 기법으로는 '만일 내가 세상에서 사라진다면'이라는 주제를 가지고 자신이 사라진다면 가장 슬퍼할 것 같은 한 사람을 집단원 중에서 골라 의자에 앉힌 후, 그에게 하고 싶은 말을 하도록 격려하여 자신을 소중히 여기는 누군가가 있음을 상기시켜 준다.

사회측정학을 이용한 웜업은 관객들의 참여를 자연스럽게 이끌어내고 서로에 대한 이해와 호감을 늘려 가는 간단하지만 매우 강력한 웜업 기법으로, 액션 소시오그램과 액션 스펙트로그램이 대표적이다. 이 방법은 주인공을 결정하는 유용한 방법이기도 한 까닭에 저자도 웜업의 한 축으로 자주 사용하는 방법이다. 사회측정학적 방법은 즉흥적이면서 동시에 아주 섬세하게 고안된 상호 관계적(interrelated) 웜업이며, 집단을 보다 더 신뢰하게 되고 관심과 배려의 분위기 속에서 자신의 문제를 자유롭게 표현할 수 있도록 이끈다.

저자의 경우에는 2시간 규모의 사이코드라마에서 대략 40분가량을 웜업에 할애한다. 그만큼 웜업은 참가자들의 자발성을 촉진시키고 집단의 응집력을 높이는 데 중요한 기능을 담당하기 때문이다. 잘 진행된 웜업은 집단원 간의 긍정적 텔레를 강화시키고 상호작용을 증가시켜서 행위화 과정의 역할연기에 자연스럽게 몰입할 수 있도록 돕는다.

만약 연속되는 회기(session)로 이루어진 집단치료 목적의 사이코드라마라면 초반 회기에는 웜업에 보다 많은 시간과 노력을 기울이고 회기가 이어 진행되면서 집단의 응집력이 어느 정도 커지면 자연스럽게 웜업의 비중을 줄여 나간다. 웜업이 충분하지 않을 때, 주인공은 몰입이 어려워 떠오르는 생각과 감정을 유지하기가 어렵고, 의미 없는 연기를 반복할 수 있다. 그러나 현실적으로는 일회기로 진행되는 사이코드라마가 대부분이기 때문에 자발성을 끌어올려야 하는 작업에 많은 시간을 할애하기가 어렵다. 이에 디렉터는 부담이 클 수밖에 없고, 짧은 시간 안에 신뢰감과 안정감, 그리고 자발성을 끌어올리기 위한 집중적인 노력이 필요하다. 따라서 디렉터 스스로 높은 자발성을 유지하기 위해 신체적ㆍ심리적 컨디션을 잘 관리하는 것이 중요하다. 디렉터의 몸과 마음의 상태는 사이코드라마의 현장에 바로 투영되어 다양한 무대 상황에 대한 적절한 반응의 가늠쇠로 작동하게 된다.

2. 행위화

　행위화 작업은 사이코드라마의 본 극 단계로, 주인공의 이야기를 중심으로 즉흥적인 역할연기를 통해 주인공의 내적·외적인 세계를 구체화(concretization)시키는 작업이다. 행위화는 주인공과 사이코드라마 디렉터의 소통 과정에서 시작하여 점차 상대 역할의 대상들, 보조자아, 관객 모두와의 상호 소통과의 연결로 확장된다. 극의 흐름은 주인공의 현재에서 시작하여 가까운 과거로, 그리고 보다 먼 과거와 핵심 갈등이 일어났던 시기로 이동하며, 시간의 흐름 속에서 필요한 장면을 설정하고 행위화하는 작업이 반복적으로 진행된다.

　주인공은 사이코드라마의 행위화 단계를 통해 과거나 미래로 시간 여행을 떠나게 되지만 모든 장면은 현재 시제로 진행된다. 본질적으로 주인공의 대상 관계를 구체화시켜 나가는 단계이기 때문에 주인공은 인터뷰, 거울, 역할 교대, 이중자아 기법 등을 통해 자신을 탐구해 나가게 된다.

　주인공과 상대 역할의 보조자아가 의자에 앉아서 대화를 나누는 기본적인 장면에서부터 죽은 자와 여행을 떠나는 마술적인 장면까지 매우 넓은 스펙트럼의 장면 설정이 사이코드라마에서는 이루어질 수 있다. 이렇듯 다양한 장면의 역할을 연기하면서 주인공은 자신의 생각과 감정을 명확하게 인지하게 되고, 역할 바꾸기를 통해서 방어적인 자신과 숨겨져 있던 자신을 발견하면서 거짓 자아를 내려놓고 '진정한 참자아'를 만나는 삶의 진실에 다가가게 된다. 이러한 과정을 통해 주인공은 자신의 내적 현실을 직시하게 되고 행위통찰에 이르게 된다. 사이코드라마의 가장 강력한 치유 인자인 행위통찰은 주인공의 내적 · 외적인 현실이 무대 위에서 행위화되는 역동적인 과정을 통해 나타난다.

역할연기를 통한 행위화는 집단이 주인공의 삶을 이해할 수 있는 강력한 방법이다. 주인공이 자신의 내면을 무대에서 재연하는 것을 보는 것은 집단에게 대단히 의미 깊은 일이 된다. 주인공이 자신의 진실을 만나고자 하는 각각의 장면들의 재연을 통해 집단은 자기 자신을 투영하여 보게 되고, 이에 집단은 주인공을 좀 더 빠르게 공감하고 이해할 뿐만 아니라, 그동안 잊고 지내고 잃어버린 삶의 에너지인 '자발성'을 느끼고 자발성이 강화되는 경험을 하게 된다.

저자의 정신과 클리닉에서 상담을 받던 A양은 6개월 이상 상담치료를 받았음에도 불구하고 아버지에 대한 분노 감정을 해결하지 못하고 있었다. 20대 초반의 A양은 수년 전에 자살한 아버지를 미워하고 용서할 수 없었고, 아버지가 돌아가신 후에 자신에게 전적으로 의지하는 엄마에 대한 부담감으로 지쳐 있는 상태였다. 상담치료를 통해 자신과 가족에 대해서는 안정을 찾아가고 있었지만 아버지에 대한 원망과 분노만은 쉽게 줄어들지 않는 상태에서 공개 사이코드라마에 참가하게 되었다. A양은 자발적으로 주인공이 되었고, 이미 충분한 자발성으로 준비된 주인공은 행위화 단계에서 빠르게 본질적인 문제로 들어가 첫 장면에서 바로 돌아가신 아버지를 만나기 원했다. 일반적인 진행에서는 극의 초반부에 핵심 대상과의 만남을 시도할 경우, 심각한 저항(resistance)에 부딪히게 되거나 아무런 말도 못하고 눈물만 흘려서 극의 진행이 원만하지 않은 상황을 만나게 된다. 또한 역할 바꾸기에서 상대 역할을 해내지 못할 정도의 고통스러운 감정 상태가 될 때도 많다. 그러나 '누구를 만나고 싶은가?'라는 질문에 주인공은 망설임 없이 돌아가신 아버지를 원했다.

잉여현실을 적용한 행위화

돌아가신 아버지가 5년 만에 딸을 만나러 온 것으로 잉여현실 장면을 설정하였다. 주인공은 아버지를 보자마자 눈물을 흘리면서 "아빠, 왜 나를 버리셨어요?" "아빠가 돌아가신 후에 내가 얼마나 힘이 들었는지 알아?" 주인공의 이야기에 아버지는 미안한 마음을 전했다.

...

디렉터는 주인공과 아버지의 역할 바꾸기를 시도하였다. 주인공은 이제 돌아가신 아버지가 되어 자신에게 마음을 전했다. "미안하다, ○○야! 아빠가 너무 힘들어서 큰 실수를 했어. 아빠가 절대 너를 버린 게 아니야." 주인공은 딸에게 힘들었던 자신의 삶을 이야기하고 용서를 구했다. 주인공은 이미 아버지의 마음을 이해하고 있었다. 그럼에도 불구하고 주인공은 직접 아버지를 만나서 그 대답을 듣고 싶었고 확인받고 싶었던 것이다. 주인공은 아버지의 마음을 확인하고자 계속해서 되물었고, 아버지는 반복해서 대답해 주었다. '내가 버린 것은 나 자신의 힘든 인생이었지 결코 네가 아니야. 그리고 그 결정을 후회하고 있어!'라고 말해 주었다. 시간이 흐르면서 아버지와 딸은 좀 더 가까워졌다. 아버지의 진심 어린 이야기가 아버지에 대한 원망과 분노감이 사라진 주인공의 빈 마음을 채워 주었고, 주인공은 아버지를 향한 잃어버린 사랑을 회복하고 싶어졌다. 디렉터는 따뜻한 아버지의 사랑이 느껴질 수 있도록 아버지에게 주인공을 따뜻하게 안아 주기를 요청하였다. 아버지가 안아 주자마자 주인공은 소리 내어 울기 시작하였다.

...

이후에 디렉터는 주인공에게 아버지와 함께해 보고 싶은 것이 있는지를 물었고, 주인공은 아버지와 단둘이 여행을 가고 싶다고 하였다. 아버지가 운전하는 자가용의 조수석에 앉은 주인공은 마냥 행복한 표정이었고, 늘 동생들에게 양보해야 했던 아버지를 자신이 독차지했다는 사실이 주인공의 마음을 들뜨게 했다. 즐거웠던 시간이 지나고, 이제 아버지는 다시 하늘나라로 돌아가야 한다. 아버지와의 헤어짐은 다행히 많이 힘들지는 않았다.

…

이렇게 사이코드라마는 막을 내렸다. 극이 끝난 후, 주인공은 "마음이 편안해요. 지금까지 치료받아 온 것보다 오늘 이 시간이 더 효과가 큰 것 같아요!" 하고 웃으면서 마음이 가벼워졌다고 말했다.

실제 잉여현실 장면

이런 비현실적 장면 연출이 주인공에게 효과가 있을까 하고 의구심을 품는 사람들이 있지만, 주인공의 절실한 욕구와 감정의 측면으로 바라보면 충분히 가능한 장면일 뿐만 아니라 만남의 의미와 효과가 실질적으로 작용함을 알 수 있다. 사이코드라마의 행위화 과정은 주인공과 디렉터 간의 조화가 일차적으로 필요하다. 주인공과 관객 사이를 디렉터가 연결하고 조율하는 것이 물 흐르 듯이 자연스럽게 진행된다면 행위화 과정의 다양하고 특별한 설정들은 하나의 현실로서 가치를 지니게 되고 주인공은 사이코드라마의 다양한 효과를 직접적 으로 경험하게 된다.

3. 나눔

나눔 단계는 행위화에 이어 사이코드라마를 마무리 짓는 단계로, 주인공이 사이코드라마 작업 후에 뒤따르게 되는 격렬한 감정을 정리하고 집단과 통합 되는 시간이다. 집단원은 사이코드라마에 보조자아 또는 관객으로 참여하면서 느낀 감정과 생각, 그리고 이를 바탕으로 한 자신의 개인적인 이야기를 공개적 으로 나누게 된다. 나아가 행위화 단계에서 다룬 갈등과 해결되지 않은 감정, 그리고 제시되었던 문제들에 대해서 집단이 함께 이야기하게 된다.

집단원이 사이코드라마의 극 전체 스토리에 충분히 공감을 한 상태라면 주 인공의 아픔에 더 적극적으로 공감하게 되어 함께 울거나 분노하는 감정을 보 일 수도 있고, 현실적으로 타당한 해결책을 제시할 수도 있다. 또 손을 잡거나 안아 주는 것과 같은 행동으로 감정적 지지와 공감 반응을 명확하게 느끼도록 전달할 수도 있다. 이처럼 공감하고 있다는 것을 명확히 보여 주는 것은 위로와 지지가 되어 주인공의 고립감을 해소시켜 주고, 주인공과 집단이 강력한 치료 집단으로 거듭나도록 돕는다. 또한 주인공 스스로 억압되었던 감정에서 벗어나서 현실감 있게 일상을 살아갈 힘을 얻을 수 있다.

그러나 만약 주인공이 충분히 공감을 받지 못했다면 주인공은 대중에게 자신의 결핍이 드러난 것 같은 수치심과 허탈감을 느끼고, 자신을 더 부족한 사람으로 인식하여 자존감에 손상을 입게 된다. Karp(1998)는 사이코드라마는 외과 수술과 같아서 나눔 단계의 주인공은 수술 후의 환자와 같이 취약하고, 일시적이더라도 낮은 방어체계를 가진 상태라고 하였다. 따라서 용기 내어 고백한 주인공이 나눔의 과정을 통해 집단의 지지를 얻고, 본래의 자신으로 안전하게 돌아가도록 해야 한다.

또한 보조자아를 비롯한 집단원도 각자의 현실로 안전하게 돌아가야 한다. 보조자아로 참여했던 집단원에게 역할연기자의 입장에서, 또 현실 속 자신의 입장에서 주인공에게 하고 싶은 얘기들을 진솔하게 나눌 수 있도록 격려함으로써 보조자아들은 극에서 안전하게 벗어나서 극을 통한 경험과 자신의 삶을 통합해 나가게 된다. 관객으로 참여한 집단원에게는 어떤 부분에서 주인공에게 감정이입을 했는지, 왜 눈물이 났는지, 자신의 내면세계를 들여다보도록 기회를 제공하고, 역할 수행 경험이 자기 인생에서 어떤 경험을 떠올리게 했는지 나누는 것도 필요하다.

따라서 사이코드라마 디렉터는 주인공과 집단원에게 나눔의 목적과 방법을 강조해서 자세히 설명해야 한다. 그리고 주인공과 집단원의 나눔의 내용들을 조율하여 주인공을 비롯한 집단 전체가 각자의 현실을 기반으로 통합과 성장을 이룰 수 있도록 다음 사항을 유념해야 한다.

첫째, 나눔을 통한 감정 공유는 사이코드라마가 끝난 후에 바로 실시하는 것이 좋으며, 처음부터 적정한 시간 배분을 계획해야 한다. 보통 2시간 규모의 사이코드라마라면 20분 정도를 나눔에 할애하는 것이 적절하다.

둘째, 집단이 주인공을 분석하거나 판단하도록 허용해서는 안 된다. '나이에 맞지 않게 세상 물정을 모른다' 혹은 '왜 그런 선택을 했는지 안타깝다' 등의 표현은 주인공을 당혹스럽게 만들고 수치심을 느끼게 한다. 격렬한 감정을 쏟아내고 난 후의 주인공은 누구보다도, 그 어떤 상황보다도 공감 어린 지지가 필요한 상태라는 것을 기억해야 한다. 그러므로 디렉터는 주인공이 상처받도록 방관해서는 안 되며, 즉각적으로 나눔 작업에 개입하여 주인공을 보호해야 한다.

셋째, 나눔 단계에서 주인공이 불편을 느끼는 주제나 회피하고 싶은 주제를 다루어서는 안 된다. 극의 종결을 앞두고 새로운 주제나 논란이 예상되는 주제를 다루는 것은 새로운 갈등이나 고민을 던져 주는 것과 같다. 강렬한 감정의 카타르시스보다도 더 중요한 것은 절정에 달했던 주인공의 감정을 안정화시키는 것이 더 중요하다. 주인공은 이제 현실로 돌아가서 일상을 살아야 하기 때문이다.

넷째, 같이 고민하는 입장이 아니라 해결책을 제시하는 것과 같은 행동은 상대방보다 자신이 우월하다는 무의식적 입장에서 나타나는 행동이기 때문에 집단원의 일반적인 조언 등을 디렉터는 수용해서는 안 된다. 때로 진정성 있는 해결책은 도움이 되는 경우도 있지만, 주인공의 사연이 평가받는다는 느낌이 들지 않도록 주의해야 한다.

다섯째, 집단원 개인의 긍정적인 경험이나 해결 방식을 주인공에게 일반화

하려는 무의식적인 시도를 디렉터는 민감하게 파악하고, 주인공과 집단원 중 누구도 상처받지 않고 만족감을 느끼면서 종결할 수 있도록 이끌어 가야 한다. 주인공의 고유한 경험을 존중하고 함께 공유하는 것은 주인공의 자존감과 문제해결력을 더욱 향상시킨다.

토론

1. 서로 자신을 설명하고 각각 상대방의 역할이 되어서 소개한다.

2. 자신의 삶의 경험들 중에서 잉여현실로 수정하고 싶은 이야기를 서로 이야기하고 장면화한다.

3. 소시오메트리 기법을 활용하여 웜업을 구성한다.

4. 가장 최근에 경험한 스트레스 사건에 대해 서로 이야기하고, 공감한 내용을 언어와 동작으로 표현한다.

5장 ────── 사이코드라마 실행 규칙

Psychodrama

사이코드라마는 즉흥극이다. 사이코드라마는 주인공과 집단원, 그리고 디렉터의 자발성에 의거한 즉흥 역할연기를 통하여 주인공의 실제 삶의 이야기를 재연하고 새로운 이야기로 재탄생(rebirth)시킨다. 사이코드라마의 즉흥성은 세밀하게 짜인 구조와 형식의 기초 위에 세워져야 하며, 디렉터는 구조와 형식이 극의 즉흥성을 해치지 않으면서 동시에 개방적으로 통합해 나갈 수 있도록 이끌어 가야 한다.

1969년, 사이코드라마의 창시자인 Jacob Moreno와 그의 부인 Zerka Moreno는 저서 『사이코드라마(Psychodrama)』 제3판에서 주인공과 디렉터, 혹은 보조자아를 포함한 사이코드라마 15개 사이코드라마의 실행 규칙을 제시하였다. 본 저자는 사이코드라마를 진행해 오면서 15개의 실행 규칙이 극의 안정성을 높이는 데 중요한 기틀이 된다는 것을 깊이 깨닫게 되었고, 실행 규칙으로 체계화된 사이코드라마는 집단치료의 효과를 극대화시킨다는 것을 확신하게 되었다.

앞서 살펴본 사이코드라마의 기본 구조가 하드웨어라면, 실행 규칙은 사이코드라마의 소프트웨어로서 안정성과 탄력성을 부여하는 역할을 한다. 15개의 실행 규칙은 다음과 같다.

1. 행위(action)
2. 지금—여기(here-now)
3. 주관성(subjectivity)
4. 표현의 최대화(maximal expression)

5. 표면에서 심층으로의 이동(inward movement)

6. 주인공의 선택(patient choice)

7. 자제(restraint)

8. 비표현성에 대한 수용(acceptance of inexpressiveness)

9. 해석(interpretation)

10. 행위 우선(action is primary)

11. 문화적 적응(cultural acceptance)

12. 세 가지 절차(three-part procedure)

13. 주인공과의 동일시(identification with protagonist)

14. 역할연기(role playing)

15. 융통성(flexibility)

1. 행위

주인공은 자신의 갈등을 말로 표현하지 않고 직접 행위로 보여 주어야 한다.

행위(action)의 사전적 의미는 '어떤 목적이나 문제해결을 위한 행동 또는 조치', 또는 '사람의 동작'을 의미한다. 사이코드라마의 행위는 어떤 목적이나 문제해결을 위한 동작이다. 이는 의도적이며 의식적인 인체의 움직임으로, 충동적 또는 자동적 행동과는 다르다. 사이코드라마는 행위를 지향하는 치료이기 때문에 상담실이 아닌 '무대'라고 부르는 특유의 공간을 사용한다. 일반적으로 무대라는 뜻은 연극, 음악 등 예술이 펼쳐지는 공간이며, 여러 사람 앞에 공개되어 열리는 공간임을 함축하고 있다. 즉, 사이코드라마는 다수가 모인 보다

넓은 공간에서 동적(dynamic) 활동을 진행하는 것이며, 사이코드라마의 무대(stage)는 행위를 위해 존재하고 무대는 집중과 참여를 이끌어 낸다.

행위가 일어나는 공간인 무대에서 절대적으로 필요한 것은 행위자(actor)이다. 사이코드라마에서는 행위자를 '보조자아(auxilliary ego)'라고 부르는데, 실제적인 활용에 있어서는 행위자 또는 배우라고 불러도 무방할 만큼 유사한 역할을 수행한다. 보조자아는 주인공의 삶 속의 주요 인물이나 사물과 같은 대상을 무대 위에서 실재화하여 만남으로 이끌어 낸다. 주인공이 자신의 이야기를 단지 말로서 표현하는 것이 아닌 행위로 드러낼 수 있는 것도 바로 보조자아라는 행위의 도구가 있기 때문이다.

Zerka Moreno는 사이코드라마의 진행을 위해서는 디렉터 외에 최소 한 명의 보조자아가 필요하다고 하였고, 주인공의 다양한 삶 또는 현실을 구현하고자 한다면 여러 명의 보조자아가 추가적으로 더 필요할 수밖에 없다. 이렇게 사이코드라마는 행위를 통해 주인공의 내적 현실(internal reality)을 무대 위에서 외현화(externalization)시켜 나간다.

2. 지금-여기

주인공은 '지금-여기(here-now)'에서 경험하고 있는 것처럼 행동해야 한다.

사이코드라마에서 과거 시제로 말하는 것은 주인공에게서 경험의 즉시성을 빼앗아 가는 것이다. Moreno(1969)는 '주인공이 지금, 마치 지금 그 일을 경험

하고 있는 것처럼' '마치 처음 그 일을 경험하는 것처럼' 행위하도록 주인공에게 요청하라고 하였다. 실제로 과거에 일어났던 사건이거나 현재 진행 중이거나 또는 미래에 일어날 일이든, 심지어 공상(fantasy)으로 만들어진 것일지라도 상관없이 '지금'으로 돌아오도록 하라는 것이다.

행위화 과정에서 주인공이 자신의 생각과 감정을 현재 시제로 이야기하는 것은 중요하다. 일반적인 상담에서 내담자는 상담 시간 이전에 있었던 사건과 에피소드에 대해 주로 '이야기'한다. 그리고 앞으로 일어날 일들에 대한 기대와 걱정도 이야기하는데, 각각 '과거'와 '미래' 시제로 이야기하게 된다. 이때 내담자는 자신의 경험을 말로 옮기면서 때로는 마치 타인의 이야기를 하듯이 거리감을 두어 말하게 되고, 경험에서 느꼈던 감정과 생각들을 회피하거나 억제하는 수단으로 시제를 사용하기도 한다.

'어제 집에서 엄마와 말다툼을 벌였다'라는 에피소드를 가정해 보자. 일반적인 대화 중심의 상담에서 내담자는 "어제 저는 집에서 엄마와 말다툼을 했어요. 그래서 화가 났고, 기분이 좋지 않았어요" 하고 이야기할 것이다. 동일한 표현을 사이코드라마의 시제인 '지금-여기'로 전환하면 "저는 지금 엄마와 말다툼을 하고 있어요. 그래서 저는 화가 나고 기분이 나빠요"가 된다. 현재 시제인 '지금-여기'의 방식으로 표현할 때, 그날의 생생한 감정과 현장감을 더 잘 느끼고 경험할 수 있게 된다. 따라서 사이코드라마의 무대가 현존(presence)의 경험을 위한 공간으로 나아가기 위해서는 역할연기의 원칙이 구현되어야 한다.

저자는 사이코드라마 디렉팅을 교육할 때, 무대에서 상담하지 말 것을 강조한다. 디렉터는 주인공이 자발성을 가지고 무대에서 자신의 삶을 드러내고 재경험할 수 있도록 이끌어야 하며, 주인공의 생각, 감정, 경험과 같은 삶의 내용들이 언어적 설명이 아닌 역할연기로 무대 위에서 구현되도록 장면을 설정하고 극을 이끌어 나가야 한다. 그렇기 때문에 주인공의 심리적 갈등이나 문제를 언어적으로 해결하려는 시도는 오히려 주인공의 자발성과 행위화를 방해한다. 디렉터는 이 전체적인 흐름에 주인공이 거부감 없이 따라올 수 있도록 주인공의 자발성을 유지시키고, 주인공이 자신의 삶과 이에 동반된 생각과 감정을 회피하거나 거부하지 않고 자연스럽게 수용해 나갈 수 있도록 도와야 한다.

3. 주관성

주인공은 그의 진실을, 그가 느끼고 지각하는 대로 완전히 주관적인 형태로(비록 외부에서 보기에는 왜곡이 있어 보일지라도) 행위화해야 한다.

주인공이 보이는 모든 주관성(subjectivity)은 그 자체로서 수용되고 존중되어야 한다. 재교육이나 행동 수정에 앞서 온전한 수용을 통해 주인공은 행동으로 자신을 표현할 수 있다는 것 자체에서 해방감과 만족감을 가질 수 있어야 한다. 주인공이 느끼고 생각하며 경험하는 세계를 사이코드라마의 무대에서 어떻게 그리고, 어느 정도까지 표현하게 할 것인가에 대한 명쾌한 해답이 바로 '주관성'에 담겨 있다.

사이코드라마를 진행하다 보면 주인공의 망상, 환청, 그리고 공상 등의 비현실적인 내용들을 어떻게 다루어야 할지에 대한 고민을 하게 된다. 정신과 전공의 시절, 저자는 정신과 환자들을 대상으로 정신병적 증상의 치료를 목적으로 사이코드라마를 진행하면서 주인공의 내적 욕구와 소망을 이해하고 실현시키는 작업 없이 주인공에게 통찰력(insight)을 주려는 무지한 접근을 한 적이 있다. 바로 주인공에 대한 온전한 존중과 무조건적인 수용이 결여된 작업이었고, 대상자의 주관성에 대한 깊은 이해가 없는 행동이었다. 사이코드라마는 디렉터가 주인공을 치료해 주기 위해서 시행하는 치료법이 아니다. 단지 디렉터는 주인공 자신의 이야기와 갈등, 해결 과제, 소망 등을 잘 풀어 갈 수 있도록 도움을 주는 안내자이다.

주인공의 주관적 세계를 전적으로 수용하고 표현하라는 사이코드라마의 실행 규칙은 사이코드라마의 근본 철학을 무대 위에서 온전히 구현하도록 방향성을 제공해 준다. 주인공이 경험한 진실이 일반적이고 객관적인 관점에서 상식 밖의 일이거나 심지어 거짓이라고 판단될지라도 사이코드라마 무대에서 행위화할 수 있도록 허용해 주는 것이 주인공에 대한 온전한 존중이다. 사이코드라마가 주인공 자신의 것이 되고, 자신의 이야기를 자신만의 경험 그대로 표현되도록 허용해 줄 때, 주인공은 일상에서 받아 온 거절과 존중받지 못한 상처(trauma)에 대한 새로운 관점과 긍정적인 경험을 제공하게 된다.

또한 '주관성의 허용'은 주인공의 내적 현실을 외현화하는 사이코드라마의 표현 방식을 가장 명료하게 나타낸다. 사이코드라마는 주인공이 있는 그대로의 자신이 되도록 돕고 자신의 삶을 재경험하도록 무대를 허용한다. 이를 통해 주인공의 자발성은 회복되며, 높아진 자발성은 창조성이라는 삶의 치유력으로 거듭난다. 디렉터의 역할은 주관성이 허용되는 세계로 주인공을 안내하는 것이며, 이러한 과정을 통해 주인공 스스로 자신의 문제를 바라보고 해결점을 깨닫고 찾아가도록 돕는 것이다. 그러므로 주인공의 주관성을 존중하고 수용하는 것은 디렉터와 주인공 모두에게 자유로움을 제공하며, 사이코드라마의 공동창조자(co-creator)로서 그 역할과 경험을 향유하도록 해 준다.

4. 표현의 최대화

주인공이 언어적 또는 행동적으로 모든 표현을 최대화하도록 격려해야 한다.

'표현의 최대화(maximal expression)'는 앞서 다룬 '주관성'의 표현 강도에 대한 실행 규칙이다. 디렉터는 주인공의 억압되고 왜곡되어 온 아픔과 슬픔, 해소되지 않았던 억울함과 고통이 사이코드라마의 무대 위에서 충분히 그리고 최대한, 언어적으로 그리고 행동적으로 표출되는 것을 목표로 삼아야 한다. 이러한 사이코드라마 디렉팅을 UNDO라고 하며, UNDO에서는 표현의 최대화를 위해 더블(double), 높은 의자(high chair), 등 돌리기(behind the back) 등의 기법을 활용한다. 디렉터는 주인공의 내면과 조율하면서 주인공의 외현화를 독려함과 동시에 대상자가 안전하게 무대를 끝마칠 수 있도록 이끌어야 한다.

이러한 목표는 주인공의 자아 강도(ego strength)와 감정 내성의 한계(window of tolerance)에 따라 섬세하게 조율되어야 한다. '최대한의 표현'을 절대적 개념으로 이해해서는 안 되고, 주인공의 자아 강도와 감정 내성의 크기와 범주를 설정해야 한다. 예를 들어, 운동 실조에 빠진 청년에게 무턱대고 힘을 키우라고 100kg의 근력 기구를 들라고 한다면 아마도 그는 허리를 다치거나 더 큰 위험에 빠질 수 있는 것과 같은 원리이다. 디렉터는 극을 진행하면서 주인공의 상태와 내면의 힘을 잘 파악하여 주인공이 감당할 수 있는 안전한 최대치를 표현하도록 해야 한다.

5. 표면에서 심층으로의 이동

표면에서 심층으로의 이동(inward movement)은 사이코드라마의 핵심적인 극의 진행 방향을 보여 준다. 그래서 사이코드라마 디렉터는 표면적인 수준에서 시작하여 심층적인 수준으로 진행함으로써 핵심으로 이행되도록 해야 한다. 또한 웜업 과정에서도 주변부에서 시작해서 중심으로 진행하는 것을 원칙으로 삼아야 한다.

사이코드라마의 주인공은 여러 사람 앞에서 자신의 이야기를 드러내야 하는 심리적 부담을 갖는다. 지극히 개인적인 이야기를 사적인 공간이 아닌 여러 사람 앞에서 노출하게 될 때의 부담감은 저항을 불러일으키고, 중요한 사건과 감정을 감추고 싶은 욕구로 나타난다. 따라서 주인공을 자원했다고 해서 자신의 문제와 이야기를 드러내는 것을 당연하게 받아들이거나 강요해서는 안 된다. 디렉터는 주인공이 스스로 준비할 수 있는 시간과 힘을 북돋아 주며 표면에서 심층으로 이동하면서 극을 이끌어야 한다.

주변부에서 중심부로 이동한다는 것은 극을 시작할 때, 최근의 에피소드에서 시작한다는 의미로도 해석된다. 비교적 기억이 뚜렷하고 당시의 감정 또한 생생한 최근의 에피소드로 시작하여 점차 주인공의 핵심 해결 과제로 탐색해 간다. 그리고 이어지는 에피소드는 보다 심층적인 또는 보다 먼 과거의 에피소드로 진행해 가고, 한 걸음 한 걸음씩 주인공의 핵심 과제로 다가간다. 그러한 진행 과정이 성급하지 않고 자연스럽게 펼쳐지는 극의 흐름이라고 할지라도, 주인공은 힘들어 하며 저항할 수 있다. 이는 순간순간 주인공 스스로 자신의 상처와 좌절감을 고통스럽게 인식하고 있다는 것을 의미하며, 고통을 회피하고자 하는 자연스러운 방어 욕구가 일어나기 때문이다. 이러한 상황에서 디렉터는 주인공의 내적 상태를 공감하면서 존중의 자세로 조심스럽게 극을 진행해야 한다. 차근차근 주인공의 자발성에 근거하여 디렉터가 표면에서 심층부로 장면을 이동하다 보면 어느새 극은 종결에 이르게 된다.

때때로 핵심 과제 또는 갈등에 도달하지 못하고 극이 종료될 수도 있지만 빠른 결말을 추구하는 무리하고 성급한 태도는 오히려 주인공의 저항만 더 증가시키게 된다. 이번 회기에 다 끝내겠다는 디렉터의 욕구는 디렉터 자신의 과대한 자기(grandious self) 표현이며, 병적 욕구(counter transference)이다.

6. 주인공의 선택

드라마에서 재연할 시기, 장소, 장면, 그리고 보조자아 등은 가능하면 주인공이 선택하도록 해야 한다.

사이코드라마는 집단원이 보조자아로 참여하는 집단 정신치료(group psycho-therapy)로서의 기능도 가지기 때문에 주인공만큼 집단원도 중요하다. 그러나 우선적으로 주인공을 위해 진행되는 사이코드라마이다. 드라마의 진행

에 있어서 거의 전적으로 주인공의 이야기(story)와 내적 상태(internal state), 그리고 주인공의 외적 표현, 즉 역할연기를 통한 행위화를 바탕으로 진행되기 때문이다. 때로 주인공은 디렉터에게 무엇을 해야 할지에 대한 결정 권한을 위임하고 싶어 한다. 그러나 우리 모두가 각자 삶의 전문가라는 명백한 진실을 바탕으로 주인공이 주도적인 자기 삶을 경험하고, 디렉터는 주인공 스스로 자신의 무대를 만들어 갈 수 있도록 격려해야 한다.

사이코드라마 무대에서 주인공은 자신의 극에 대한 선택 권한을 부여받는다. 사이코드라마를 통해 주인공은 가능한 모든 수준의 신체적 · 정신적 · 인지적 · 영적 수준에서 참여하게 되며, 주인공의 이야기 속에서 무대에 올릴 장면을 스스로 선택하고, 각 장면의 시간, 장소, 인물과 각 역할을 연기할 보조자아를 결정한다. 디렉터는 주인공이 요구하는 장면을 더 잘 이해하기 위해서 주인공에게 역할 바꾸기를 요청하여 보조자아들이 주인공이 원하는 장면이나 주변의 상황들을 더 잘 이해할 수 있도록 도울 수 있다. 이러한 자발성을 이끌어 내기 위해 디렉터는 다양한 시도와 노력을 해야 하며, 주인공의 결정을 비롯하여 주인공의 부정적 태도나 거부적 행동까지도 수용해야 한다.

7. 자제

사이코드라마는 표현의 한 방법이며, 또한 자제(restraint)의 한 방법이다.

사이코드라마는 표현(expression)을 최대로 허용하는 치료 기법인 동시에 역할 바꾸기나 역할 시연(role rehearsal)을 통하여 감정적으로 격앙되는 주인공의 상황을 재조건화하면서 자제를 훈련시킨다. 평소 자신의 감정을 억압해 온 사람들이라면 상대적으로 격렬한 감정 표현을 하는 상황에 대해 거부감이 들기 마련이고, 적절하게 반응하기도 어렵다. 그 뿐만 아니라 감정의 억압 정도가 심할수록 눌려진 스프링이 튀어 오르듯이, 사이코드라마의 무대 위에서 순간적으로 자신도 어찌할 수 없는 감정 통제 불능 상태에 빠지기도 한다. 디렉터는 주인공이 이러한 위기에 맞닥뜨리지 않도록 극이 진행되고 있는 동안에 주인공의 심리적 · 신체적 상태를 면밀히 파악하면서 표현의 범위와 강도를 순간적으로 결정해야 한다. 앞서 '표현의 최대화'에서 언급한 것처럼, 주인공의 자아 강도와 감정 내성의 범주 내에서 디렉터는 주인공의 억압되고 숨겨진 생각과 감정들을 표현하도록 도와주어야 한다.

그러나 만약 주인공이 지나치게 몰입하거나 재트라우마의 위험한 상황으로 들어가려고 한다면 디렉터는 역할 바꾸기와 역할 시연을 통해 주인공의 표현 강도를 조정해 나가야 한다. 역할 바꾸기는 상대방의 입장에서 자신을 바라보고 경험할 수 있도록 해 주는 기법으로, 격한 감정이 일어나는 장면에서 갈등의 주된 대상과 역할을 바꾸도록 장면을 이끌어 주면 주인공은 자신의 역할에서 빠져나와 격한 감정에서 벗어나게 된다. 이러한 과정의 반복은 보다 효과적으로 자신의 감정을 통제할 수 있는 연습의 기회가 된다.

자제가 중요한 이유는 안전한 환경에서 주인공이 존중되고 보호받도록 드라마를 진행하는 것이 폭발적인 감정의 표현보다 더 중요하기 때문이다. 디렉터는 주인공의 심리적 상태를 고려하지 않은 도전적 시도들은 없었는지 스스로를 객관적으로 평가해야 하며, 안전하게 극이 종결에 다다를 수 있도록 해야 한다.

8. 비표현성에 대한 수용

주인공이 스스로 원하지 않으면 비자발적이거나 비표현적이 되는 것을 수용해야 한다.

사이코드라마는 무대라는 열린 공간에서 역할연기를 도구로 주인공의 내적 세계(internal world)를 외현화하는 일종의 표현예술치료(expressive art therapy) 이다. 그래서 사이코드라마는 무대 위에서 가능한 한 표현의 최대화(maximal expression)를 지향하게 되는 만큼, 그에 상응하는 안전장치 또한 중요하다. 앞서 살펴본 대로 주인공의 자아 강도나 감정 내성을 고려하여 주인공이 자신의 감정과 생각을 자유롭게 표현할 수 있는 안전하고 효율적인 환경을 만들어 주는 것이다. 그러나 안전한 환경을 제공했다고 할지라도 자신의 이야기로 극을 이어 가는 상황이 주인공에게는 심리적 부담일 수밖에 없다. 주인공은 자신의 숨겨 둔 감정이나 사고와 직면해야 하기 때문에 더 움츠러들고 자신의 불편한 마음을 숨기고 싶어질 것이다.

디렉터는 이러한 주인공의 태도를 수용하면서 극을 전개시켜 나가야 한다. 주인공과 수시로 대화를 나누면서 필요하다고 생각되는 디렉팅 기법들을 추가하여 주인공이 용기를 내어 자신의 미해결 과제에 접근하고 해결할 수 있도록 도움을 주어야 한다. 이때 주인공이 떠올리기 싫거나 불편하고 인정하고 싶지 않은 감정이나 생각에 대해서 디렉터는 주인공의 욕구를 받아들이고 동시에 사이코드라마 무대를 주인공이 보다 효과적으로 경험할 수 있도록 '표현의 방법들'을 고민해야 한다. 디렉터는 주인공의 삶이 확장되는 새로운 삶의 도전을 목표로 표현과 비표현의 양면을 비롯하여 무대 위에서 가능한 모든 방법을 동원해야 한다. 방백이나 독백, 이중자아(분신)의 활용, 다른 인물 또는 대상과 역할 바꾸기 등의 방법은 직접적인 표현이 어려운 상황의 대안이 될 수 있다.

특히 예의와 체면이 중시되는 우리나라 환경에서는 부모, 상사와 같은 사람들과의 갈등을 적극적으로 표현하는 것을 어려워할 수 있다. 이럴 때, 이중자아 기법을 활용한다면 주인공의 심리적 부담을 줄이고 안전하게 자신을 표현하도록 할 수 있다. 예를 들어, '속마음 이중자아 기법'은 주인공이 자신의 이중자아가 되어 차마 표현할 수 없었던 감정과 생각을 '속마음'의 역할로 표현하는 것이다. 속마음이기 때문에 주인공의 상대 역할의 사람들은 어떤 말도 듣지 못하고 반응하지 못하게 된다. 주인공은 직접 자신의 입으로 말을 하고 있음에도 상대방은 듣지 못한다는 장면의 설정을 통해 용기를 가지고 자발성과 자기표현력을 강화시켜 나가게 된다. 이것은 사이코드라마 무대에서 만들어 내는 또 하나의 새로운 현실이 되며, 이러한 잉여현실을 통해 주인공은 안전한 경험과 인식을 가지게 된다.

9. 해석

사이코드라마의 해석과 통찰은 정신치료에서 사용하는 언어적 형태와 서로 다르다.

전통적인 정신치료에서는 내담자가 내적 통찰에 이르도록 돕기 위하여 '해석(interpretation)'이라는 치료적 방법을 사용한다. 내담자가 현재 반복적으로 겪고 있는 심리적 문제가 자신의 유년기 시절의 상처 혹은 정신적 갈등에서 유래되었음을 치료자는 내담자에게 적절한 시점에 '해석'해 주고 내담자의 이해와 적용을 이끌어 낸다.

그러나 사이코드라마에서는 언어를 통한 해석을 제한적으로 사용하고, 행위화 과정을 통해서 주인공 스스로 내면의 문제를 자연스럽게 깨닫도록 한다. 이러한 과정을 '행위통찰'이라고 한다. '행위통찰'은 역할연기라는 행위 도구를 통하여 자신의 참된 모습과 만나는 과정으로서 전통적인 정신치료의 통찰에 대비되는 보다 강력하고 감정과 사고가 통합된 통찰(integrated insight)이다.

행위화를 위한 장면 구성에서 사이코드라마 디렉터는 자신의 해석을 기반으로 장면을 구성하게 되는데, 이 과정에서 언어적 해석을 제한적으로 사용할 수도 있지만 완전히 생략할 수도 있다. 디렉터는 지금-여기에서 일어나는 상황에서 주인공의 내면에 대한 디렉터의 해석을 기반으로 주인공의 인식을 변화시킬 수 있는 의도적이고 통합적인 장면을 구성해 나간다. 각각의 장면은 역할연기를 통해서 행위화되고, 역할연기는 자신과 타인의 관점을 이해하고 재정립시키는 효과가 있다. 이러한 행위화를 통해 주인공은 집착된 '자기'에서 벗어나 객관화된 관점을 가진 행위통찰로 나아가게 된다. 따라서 디렉터는 장면이 진행될 때마다 가능하면 언어적 개입을 줄이고 주인공이 역할연기에 몰입할 수 있도록 이끌어야 한다.

10. 행위 우선

해석을 하더라도 우선적으로 행위가 있어야 한다. 먼저 행위가 없었다면 해석은 있을 수 없다.

사이코드라마에 있어서 행위와 역할의 중요성은 이미 여러 번 언급되었으나 '행위 우선(action is primary)'의 실행 규칙을 이해하기 위해서는 '행위'와 '해석'과의 연관성을 한 번 더 다룰 필요가 있다. '해석'은 전통적인 정신치료의 핵심 치료기제 중 하나이다. 언어를 통하여 내담자에게 통찰을 제공하는 고도의 치료적 접근이며, 적절한 시기의 해석은 내적 갈등의 기원과 결과, 그리고 삶의 예측까지 광범위하게 자신을 통찰하도록 해 준다. 그래서 전통적인 정신치료에서 '해석'은 필수불가결한 치료의 과정이며, 적절한 해석을 위해 치료자는 고도의 훈련을 받고 다년간의 경험으로 숙련 과정을 거친다.

그러나 사이코드라마의 관점에서 볼 때, '해석'은 언어 안에 갇혀 버린 분석으로 비추어진다. Zerka Moreno는 이러한 '해석' 중심에서 벗어나 '정서적 동일시(emotional identification)', 즉 '공감의 극대화'를 사이코드라마의 치료 목표이자 효과로 설정함으로써 보다 동적인 통찰의 과정을 제시하였다. 정서적 동일시는 주인공의 삶을 분석하지 않고 있는 모습 그대로를 수용하고 느끼는 과정을 통해서 나타난다. 비록 주인공이 왜곡되고 비현실적인 사고와 감정을 표현하고 있을지라도, 주인공의 삶에 대한 무조건적인 수용을 바탕으로 무대 위에서 가감 없이 표현하도록 허용하는 것이다. 이는 분석가(analyst)의 눈으로 주인공을 바라보는 것이 아닌 공감적 연출가(director)의 눈으로 바라보는 것을 뜻한다. 그러므로 디렉터는 주인공이 자신의 삶의 내용들을 '지금-여기'에서 충실히 표현할 수 있도록 장면을 구성하고 역할연기를 지도하게 된다.

디렉터의 '해석'은 주인공에게 깨달음에 도달하도록 이끌어 내지만, 때때로 의문을 갖게 하거나 거부되거나 또는 전적으로 영향을 미치지 않을 수도 있고 파괴적인 영향을 미치기도 한다. 왜냐하면 대부분의 경우에 분석이나 해석보다 주인공은 정서적 동일시를 더 원하기 때문이다.

사이코드라마의 역할연기를 통한 행위화 과정은 정신치료에 있어서 상담자와 내담자의 대화를 통한 상담 과정과 다르지 않다. 행위는 그 자체로 말을 한다. 그리고 사이코드라마는 행위로 소통한다. 그렇다고 해서 언어적인 소통이 불필요하거나 사용되지 않는 것은 아니다. 오히려 없어서는 안 될 중요한 역할을 담당한다. 언어는 행위와 행위 사이의 연결, 즉 접속사와 같은 역할을 한다. 마치 접속사가 빠져서 전체 문장의 의미가 다르게 전달되는 것과 같이, 사이코드라마에서 언어는 행위의 의미를 명료화시키는 역할을 한다. 물론 주인공의 갈등을 분석하고 그 원인에 대한 해결책을 찾는 것을 목표로 하는 보다 더 해석적인 사이코드라마도 있지만 이는 매우 제한적인 목적으로 사용될 뿐이고, 사이코드라마의 기본적인 목표는 '행위를 통한 주인공과 관객 간의 정서적 동일시'이다.

주인공의 자발적인 행위화 작업은 주인공 자신이 경험해 온 감정들을 다시금 재조명할 수 있는 기회를 제공하고 자신의 내면세계를 구체적으로 이해하도록 돕는다. 또한 교정적 역할연기를 통한 재경험과 역할 연습은 부담스럽고 회피하고 싶었던 경험을 내면적으로 정화시켜 주고, 나아가 수용할 수 있는 현실감을 회복시켜 준다. 집단원과 보조자아의 공감과 정서적 동일시는 주인공 자신의 문제를 현실 안에서 다룰 수 있는 자신감을 향상시키고, 나아가 주인공은 감정적으로 하나가 되는 경험을 통해 자신의 내적 현실이 통합되는 경험을 하게 된다.

11. 문화적 적응

사이코드라마의 웜업 과정은 저마다의 문화에 맞게 적절하게 변화를 주어 적용되어야 한다.

사이코드라마는 자발성을 가장 중요한 목적이자 방법으로 사용한다. 자발성은 새로운 상황에서 적절한 반응을 하거나 익숙한 상황에서 새롭고 적절한 반응을 하는 것이다. 즉, 상황에 대해 신선하고 탄력적인 접근을 하는 것이며, 이러한 자발성의 보다 포괄적인 접근이 '문화적 적응(cultural adaptation)'이다.

같은 언어를 사용하고 일정한 지역에 거주하는 사람들 사이에는 대개 유사한 행동양식이나 생활양식이 생겨나기 마련이고, 이것을 일컬어 문화(culture)라고 부른다. 사이코드라마를 진행함에 있어서 문화적 동질성을 고려하는 것은 그들의 삶의 방식에 대한 존중과 배려를 의미하고 나아가 소통을 촉진시킨 다. 만약 서구 문화권에서 적용하던 방식을 그대로 동양 문화권인 우리나라에 적용하면 어떻게 될까? 사이코드라마의 자발성은 보다 잘 준비된 환경에서 꽃 을 피울 수 있기 때문에 사이코드라마가 실행되는 나라, 단체, 그리고 대상에 따라 그들의 문화적 보편성에 따른 활동으로 이끌어 가는 것이 필요하다.

우리나라에 사이코드라마가 처음 보급되던 당시에 주로 사이코드라마를 실 행하던 곳이 정신병원이었고, 치료 레크리에이션의 일환으로 사이코드라마를 활용하는 경우가 많았다. 당시에 주로 많이 사용하던 사이코드라마의 웜업이 댄스(dance)였는데, 일종의 디스코장 분위기를 사이코드라마 무대에서 연출하 면 환자들은 신나는 음악에 맞춰 춤을 추며 몸 풀기 활동을 하고, 이어서 마음 작업을 진행하였다.

만약 이와 같은 웜업을 입원 환자 집단이 아닌 일반 성인들과의 개방된 사이 코드라마 워크숍에서 진행한다면 어떻게 될까? 아마도 소수의 사람들은 잘 참 가할 수도 있지만 다수는 당황스러운 반응을 보일 것이다. 특히 우리나라처럼 체면과 격식을 중시하는 문화에서는 처음 만나는 사람들이 대부분인 사이코드 라마 워크숍에서 느닷없이 음악에 맞춰 춤을 추라고 한다면 거부감이 드는 사 람이 훨씬 많을 것이다. 어떤 문화권에서는 노래와 춤으로 시작하는 것이 자연 스러운 일이지만, 또 다른 문화권에서는 부자연스러운 일이거나 적절하지 못 한 일일 수도 있다.

상황과 대상, 그리고 문화적 상황에 적절하지 못한 웜업은 집단적 저항을 일 으키게 되고, 사이코드라마의 목적에 도달하기는 그만큼 어려워진다. 중요한 것은 어떻게 시작하느냐가 아니고 우리가 함께 시작한다는 것이기에 사이코드라마가 펼쳐지는 장소의 사람들과 그들의 문화에 자연스럽게 융화되는 것은 자발성을 촉진시키는 데 중요한 요소가 된다.

12. 세 가지 절차

사이코드라마는 세 가지 부분, 웜업과 행위화, 그리고 나눔으로 구성되며, 이 단계 중 어디에서 문제가 발생해도 전체 진행 과정에 영향을 미치게 된다.

디렉터가 처음부터 끝까지 무대에서 집단원과 함께하면서 공감적 이해를 바탕으로 행위화 작업을 진행하는 것이 사이코드라마이다. 디렉터가 전적으로 참여하지 않고 부분적으로 개입 또는 참여하는 사이코드라마는 필연적으로 흐름의 단절과 인위적 진행 등의 부작용을 초래하게 된다. 저자의 경우에도 사이코드라마를 시작한 지 얼마 안 된 초기에는 웜업과 나눔 작업은 디렉터였던 저자 자신이 진행하지 않고, 사이코드라마 팀원들과 역할을 분배하는 형식으로 진행하기도 하였다. 이는 사이코드라마를 잘못 이해한 결과였으며, 이러한 진행은 전체 작업의 파편화를 일으키고 디렉터 역시 전체적으로 몰입하지 못하는 결과를 초래하였다.

사이코드라마의 세 가지 절차(three-part procedure)는 상호 밀접하게 연결되어 있어서 웜업은 행위화에, 행위화는 집단과 나눔 단계에 직접 혹은 간접적으로, 긍정적 혹은 부정적으로 영향을 미친다. 사이코드라마의 시작 단계인 웜업을 통하여 참가자들의 몸과 마음이 열리고 역할연기에 들어갈 충분한 준비가 된다면 주인공의 선정과 이어지는 행위화, 즉 본 극의 단계가 수월하게 진행될 가능성이 높아진다. 웜업을 통한 집단의 자발성 증진이 효과적으로 이루어졌다면 참가자들의 행위갈망이 높아지고 자연스럽게 주인공을 자원하는 사람이 나타날 것이다. 자발적으로 자신의 해결 과제를 표현하는 주인공과의 작업은 행위화 단계를 보다 신속하게 깊은 차원으로 들어가게 하고, 주인공의 저항을 감소시켜서 만족스러운 행위화 작업을 완성시킨다. 이어지는 나눔 작업은 주인공과 집단원 간의 이해와 공감을 증폭시켜, 서로 강한 지지와 연대감을 느끼게 될 것이다.

사이코드라마는 집단으로 시작하여 한 개인으로 초점을 이동하고 다시 집단으로 돌아오는 구조를 가지고 있다. 마찬가지로 집단 작업인 웜업으로 시작하여 주인공을 중심으로 하는 행위화, 집단원과 함께하는 나눔 단계의 세 가지 절차는 상호 밀접하게 연결된 역동적인 구조를 나타낸다.

13. 주인공과의 동일시

주인공이 사이코드라마 집단 내에서 자기 혼자만 이런 문제를 겪고 있다는 인상을 가지고 그 집단을 떠나게 해서는 절대 안 된다.

사이코드라마의 행위화 과정은 전적으로 주인공을 위한 참만남(encounter)과 연결(connecting)의 과정이다. 주인공의 내적 세계에서 일어난 일들을 무대로 투영하여 객관화시키고, 집단원은 보조자아와 관객으로서 주인공의 내적 세계를 함께 경험하게 된다. 따라서 사이코드라마의 모든 행위는 마치 개인 심리치료와 같이 주인공의 시선과 감정 그리고 생각에 맞춰져 있어야 하며, 주인공의 만족과 통찰에 초점을 두고 진행되어야 한다. 그럼에도 불구하고 사이코드라마는 한 개인을 넘어선 집단의 연결과 치유로 이어지는 집단 정신치료로서의 목적도 함께 달성해야 한다. 나눔 단계는 행위화 과정을 통해 형성된 공감대를 바탕으로 주인공과 관객들이 소통하는 시간이며, 주인공의 감정과 생각을 관객들이 얼마나 효과적으로 이해하고 있는지를 확인하는 시간이다.

대부분의 나눔 작업에서 집단원들은 자신의 삶 속에서 잘 드러나지 않았던 또는 숨겨 놓은 삶의 모습과 이야기를 무대 위에서 털어놓는다. 주인공과 자신의 유사함을, 서로 공통된 아픔이 있음을 나누게 된다. 주인공만 힘들고 아픈 것이 아니며, 주인공의 삶이 비정상적이 아니라는 것을 논리적인 설득보다는 강한 공감과 연결로서 이야기해 주는 것이다. 이것은 일종의 지지와 연대이며, 주인공의 삶에 대한 동일시로부터 확실하게 나타나게 된다.

때때로 집단원들은 즉흥적으로 이루어지는 극의 흐름을 쫓아가는 것이 쉽지 않은 경우도 있지만, 사이코드라마 디렉터는 집단원들의 눈에 보이지 않는 숨겨진 가치를 탐색하고 공감해 나갈 수 있도록 이끌어 냄으로써 집단원이 주인공의 삶에 대한 공감뿐만 아니라, 자발성을 가지고 자신의 이야기를 주인공과 다른 집단원 앞에서 표현할 수 있도록 환경을 조성해 나가야 한다. 이것은 또 다른 주인공의 사이코드라마를 이루어 나가는 것이기도 하다.

사이코드라마의 치유 경험이 행위화 과정보다 나눔 과정에서 더 뚜렷하게 일어나는 것도 주인공과 동일시(identification with protagonist)하는 집단원들의 연대로 인해 정서적 역량이 강화되어 나타나기 때문이다. 만약 나눔 단계에서 집단원으로부터 주인공과의 동일시를 이끌어 낼 수 없다면 디렉터는 주인공에 대한 공감과 함께 자발적인 자기노출을 할 필요가 있다. 이를 통해 주인공은 더 안전하게 보호된다.

14. 역할연기

주인공은 그의 사회 원자(social atom) 내의 다른 인물을 경험하기 위해서, 즉 그와 다른 사람의 관계 및 다른 사람들 간의 관계를 경험하기 위해서, 의미 있는 관계를 맺고 있는 모든 사람의 역할을 맡을 수 있어야 한다.

'역할'이란 말은 연극에서 유래되었으며, 개인에게 분여(分與)되는 기능적 상태를 나타내는 말이다. 사이코드라마는 역할(role)을 도구(tool)로 사용하는 연극적 치료 방법으로, 심리적인 측면과 연극적인 측면을 동시에 포함하는 역할극이다.

기존의 전통적인 언어 중심의 상담치료와 대비되는 사이코드라마의 행위화는 '역할'의 요소를 채워 나감으로써 이루어진다. 주인공은 역할을 행위화함으로써 보다 생생하고 직접적인 경험을 하게 되며, 상대방의 역할로 순간적으로 변신하여 상대방의 감정과 사고에 적극적으로 몰입하게 되는 역할 바꾸기를 통해서 상대방의 입장에서 자신을 바라보는 놀라운 경험을 하게 된다. 주인공은 자신에게 부정적인 영향을 주었던 경험을 상대방의 입장에서 경험해 봄으로써 부정적인 감정을 감소시키고 객관적인 관점을 발전시켜 나간다.

　주인공 스스로 중요한 인물이나 대상이 되어 봄으로써 자신의 방어기제 (defence mechanism)에 대한 집착을 통찰하게 되고, 대인관계에서 나타났던 왜곡의 실마리를 풀어 나가게 된다. 나아가 새로운 수준의 이해와 통합적 관점을 바탕으로 한 균형잡힌 대인관계로 발전해 나가게 된다. 이처럼 역할 바꾸기는 타인의 입장에 대한 이해뿐만 아니라 타인 관점의 중요하고 실질적이며 정서적인 통찰을 제공해 주기 때문에 디렉터는 주인공이 주요 인물에 대한 역할 바꾸기를 시도할 수 있도록 지지하고 격려해야 한다.

　이때 디렉터는 주인공에게 강제적으로 타인의 입장을 이해시키려고 하거나 공감을 유도하지 않도록 주의해야 한다. 상대방의 입장을 받아들일 준비가 되어 있지 않은 주인공에게 상대방을 이해시키기 위한 장면을 연속적으로 이끌어 가서도 안 된다. 만약 이러한 흐름이 지속된다면 주인공은 표현을 거부하거나 역할연기를 더 이상 할 수 없을 정도의 자발성을 상실하게 될 것이다.

　주인공의 의지와 자발성을 중시하는 사이코드라마는 다소 느리게 진행되더라도 주인공이 충분히 준비되도록 기다려 주고, 주인공에 대한 존중을 잃지 않아야 한다. 자신의 상황과 그에 따른 사고와 감정을 제약 없이 표현하도록 격려받을 때, 주인공은 자신이 충분히 존중받고 있다고 느끼게 되고 손상받았던 자존감은 회복되며 내면의 두려움과 상처를 마주할 용기를 가지게 된다. 이러한 환경 조성은 주인공으로 하여금 자연스러움과 편안함을 느끼게 하고, 주인공의 자발성과 창조성을 확장시켜 온전한 주인공의 사이코드라마를 창조해 낸다.

　이것은 곧 참자기(true self)를 만나는 참만남의 순간이 된다. 참만남의 순간을 위해서는 다양한 역할을 경험해 보는 것뿐만 아니라, 감추거나 보고 싶지 않았던 자신의 모습을 발견해 나가고자 하는 주인공의 의지와 개방적인 자세가 필요하다. 그러므로 디렉터는 사이코드라마의 무대가 주인공 자신의 세계가 되도록 정형화된 각본과 태도를 버리고 주인공에게 맞는 새로운 각본을 창조해 나가도록 해야 한다.

15. 융통성

사이코드라마 디렉터는 치료 과정을 안내하고 최종적으로 결실을 맺게 해 주는 사이코드라마의 기법을 신뢰해야 한다.

사이코드라마는 자발성(spontaneity)과 역할 이론, 그리고 사회측정학 (sociometry)의 이론적 토대를 바탕으로 '지금-여기'에 초점을 두고 참가자가 '행동화(acting-out)하려는 강한 충동을 행동의 내향화(acting-in)라는 구조적 경로를 통해 통찰에 이르게 하는 집단 정신치료의 한 형태이다. 또한 사이코드라마는 심리적 외과수술과도 같다. 집도의의 숙련 정도가 수술의 성공 여부에 중요한 영향을 미치듯이, 사이코드라마 디렉터의 고도로 숙련된 기술과 오랜 경험은 성공적인 사이코드라마의 필수요건이 된다. 대본 없는 즉흥극인 사이코드라마의 무대에서 디렉터는 각기 다른 삶을 살아온 주인공들의 다양한 이야기를 순간순간 받아들일 수 있어야 하며, 사이코드라마 무대를 통해 주인공이 재경험과 통찰을 경험할 수 있도록 개방성과 융통성(flexibility), 통찰력을 가지고 있어야 한다.

최근 들어 많은 사람들이 사이코드라마에 관심을 가지고 무대로 찾아오는 것은 참으로 반가운 일이다. 그러나 사이코드라마를 잘못 이해하거나 선입견을 가지고 찾아오는 사람들을 종종 보게 된다. 한 예로, '즉흥극'이라는 말을 문자 그대로 해석하여 치료적 목적 없이 극을 임의로 진행하는 것으로 받아들여서 사이코드라마의 치료적 요소들을 간과하거나 과소평가하는 경우이다. 또 공개적인 집단을 대상으로 진행되는 사이코드라마의 경우, 평가를 받을 것 같은 두려움이나 사이코드라마 디렉터에 대한 불신으로 인해 두려움을 느끼기도 한다. 그러나 이러한 이유들은 대부분 사이코드라마 전문성의 이해 부족에서 기인한다.

사이코드라마는 정신의학의 다양한 치료법 중 하나로, 부적응적이고 왜곡된 반응에서 벗어나 현실 세계와 접촉하며 적응적으로 기능할 수 있도록 자발성을 회복시켜 주는 것을 목표로 한다. 개개인의 성격과 취향, 역량이 다르듯이, 하나의 집단으로 모였어도 개개인의 다양성을 인정하는 사이코드라마의 무대는 주인공이 살아온 고유하고 특유의 삶의 방식을 충실히 구현해 내는 것에 초점을 두어, 정형화된 결말을 추구하지 않는다. 동일한 기법을 사용하더라도 각 사람들의 다양성에 의해 다른 감동과 치유력을 보여 주게 된다. 또한 사이코드라마를 즉흥극이라고 부르는 이유는 즉흥성이라는 치료적 기제를 사용하기 때문이다.

참가자들은 디렉터의 내적·외적인 철학과 깊이 연결된 사이코드라마의 치료 과정에 참여하면서 사이코드라마에 대한 신뢰를 쌓아 가기 때문에 디렉터는 사이코드라마의 철학과 실행 규칙을 철저히 몸에 익히고, 그 방법론을 신뢰해야 한다. 방법론이 신뢰되기 시작하였다면 디렉터는 다양성을 지닌 집단을 이끌어 갈 융통성과 공감 능력을 최대로 개발하기 위해 도전해야 한다. 디렉터의 웜업이 객관적이고 자발적이며, 주인공과 집단의 요구에 잘 어울린다면 사이코드라마 기법은 주인공이 겪고 있는 고통의 핵심에 체계적으로 접근해 갈 것이다. 나아가 디렉터, 주인공, 보조자아, 집단원은 정서적 학습을 극대화시켜 주는 집단의 응집력을 경험하게 된다.

따라서 이론적 체계를 가진 사이코드라마의 기법을 디렉터 자신이 신뢰하고 숙련되어졌을 때, 사이코드라마의 장(場)은 더 이상 형식에 붙들린 공간이 아니며, 사이코드라마의 시간과 공간은 상호 존중과 허용을 바탕으로 원칙과 융통성이 어우러지는 즉흥의 무대로 나아가게 된다.

토론

2인 1조로 짝을 이루어 '어린 시절의 가장 인상 깊었던 기억'을 주제로 이야기를 나눈다. 한 사람은 주인공이 되어 자신의 이야기를 말하고, 한 사람은 이 대화를 이끌어 가는 디렉터의 역할을 한다.

1. 디렉터는 주인공과 인터뷰를 진행하면서 드라마로 구체화시킬 에피소드를 선택한다.

2. 주인공의 에피소드에서 드라마로 다룰 핵심 감정을 파악한다.

3. 디렉터는 핵심 감정을 중심으로 장면을 구성하고, 어떻게 행위화시켜 나갈지를 설명한다.

6장 ──────── 사이코드라마
기법 탐구

Psychodrama

1. 빈 의자

일반적으로 무대 위에 홀로 놓인 의자로 사이코드라마를 상징화하고는 하는데, 이는 사이코드라마의 대표적인 장면 기법인 빈 의자를 시각적으로 표현한 것이다. 빈 의자 기법은 심리적 투사 기법으로서 아무도 앉아 있지 않은 의자에 누군가가 앉아 있다고 상상하면서 그 누군가에게 말을 하는 기법이다. 주인공은 빈 의자를 바라보면서 그 대상과 대화를 나누거나, 때로는 보조자아가 빈 의자에 앉아 상대 역을 연기할 수도 있고, 보조자아가 없거나 소수일 때는 디렉터가 빈 의자에 앉아 상대 역할의 연기를 한다.

보통은 1개의 의자를 사용하여 1명의 대상을 떠올리도록 하지만 2개 이상의 의자를 사용하여 2명 이상의 대상과 만나도록 할 수도 있으며, 이를 다중 의자(multiple chair)라고 부른다. 다중 의자는 주인공의 내면을 여러 개로 분할하여 무대에 투사하는 것으로, 예를 들어 유년기, 청소년기, 성인기, 노년기 등으로 주인공의 인생을 나누어서 각 시기의 자신과 만나도록 연출하는 것이다. 장면을 시작할 때는 우선 의자를 나열하고 주인공이 각 시기의 자신과 만나는 기회를 가진 다음에, 이어서 보다 더 중요하고 의미 있는 시기를 장면으로 구성하여 주인공의 행위화 작업을 증폭시켜 나간다.

빈 의자 기법은 대개 사이코드라마의 도입부에서 주인공이 자신과의 만남을 준비하는 작업으로 유용하게 활용되며, 주로 빈 의자에 앉아 있는 대상과 주인공이 대화를 나누는 설정으로 사이코드라마의 첫 장면이 시작된다. 그러나 극의 진행 과정에서 필요하다면 빈 의자 기법은 어느 장면에서나 사용될 수 있다.

2. 이중자아

'분신'으로도 불리우는 이중자아 기법은 사이코드라마 기법의 정수(essence)라고 할 수 있다. 이중자아는 주인공이 평소에 표현하기 어려웠던 부정적이고 억압된 감정들과 행위들을 주인공을 대신해서 표현해 주는 역할을 한다. 이중자아는 극의 진행 과정에서 갈등이 고조되어 주인공이 내면에 집중하는 시기에 주로 등장시켜 주인공 스스로 문제를 회피하지 않고 직면하도록 도움을 준다.

이중자아의 전형적인 자세는 주인공의 좌측 어깨 45도 위치에 비스듬히 서서 주인공의 어깨에 한 손을 짚고 있는 모습이다. 주인공의 어깨에 손을 짚는 것은 주인공과 이중자아가 하나로 연결되어 있다는 의미를 상징적으로 보여 준다. 주인공의 마음을 대변하는 이중자아가 주인공과 연합하여 갈등 대상에게 평소에 말하지 못했던 주인공의 생각과 감정을 적극적으로 표현하도록 이끌어 주면, 주인공은 자신의 내면에 보다 더 집중하게 되고 적극적으로 자신의 감정을 표현하게 된다. 숙련된 이중자아는 사이코드라마가 점진적으로 감정의 정수를 향해 진행되도록 주인공의 몰입도를 끌어올린다.

저자 또한 주인공의 감정을 증폭시키고자 할 때 주로 이중자아를 사용하는데, 이러한 경우에 이중자아는 장문의 대사보다 함축적인 의미를 지닌 단문으로 말하는 것이 효과적이다. '당신 때문에 힘들어요!' '아버지가 미워요!' '엄마가 필요해요!'와 같이 주인공이 갈등의 대상에게 느끼는 핵심 감정을 단문으로 큰 소리로 반복하라고 요청하기도 한다. 핵심 감정을 표현하는 이중자아의 메시지와 만나는 순간, 주인공의 감정은 터져 나오기 시작한다. 억압되어 온 감정이 의식화되면서 주인공은 눈물을 흘리거나 이중자아의 말을 따라서 하게 된다. 주인공과 집단원이 동시에 정서적 카타르시스를 경험하게 되는 순간이다.

　이와 같이 억압되어 있던 주인공의 내면의 모습이 무대에서 드러날 수 있도록 이중자아는 힘을 실어 주고, 내면의 모습을 무대에서 수행할 수 있는 용기를 북돋아 준다. 이 과정을 통해 주인공은 진실한 자기와 만나게 된다. 이중자아는 참만남의 순간을 직접적으로 이끌어 내는 역할을 하며, 주인공이 자신의 삶을 보다 잘 느끼고 이해하게 되는 통찰로 나아가도록 돕는다.

　이중자아의 선택에 있어서 디렉터는 사이코드라마 참가 경험이 많고 잘 훈련된 집단원 중에서 이중자아를 선택할 수도 있으나, 주인공이 자신의 이중자아를 직접 선택하도록 하는 것이 좀 더 효과적이다. 또한 디렉터가 이중자아 역할을 직접 수행할 수도 있다. 이를 디렉터 더블(director double)이라고 하며, 주

자신(이중자아)과의 만남

인공의 욕구와 감정, 생각을 가장 먼저 인지하고 잘 느낄 수 있는 디렉터가 때
로는 이중자아 역할에 가장 적합한 역할연기자라고 할 수 있다. 다만, 디렉터가
직접 무대에서 행위화하는 작업이 주인공과 집단원에게 지시적인 태도로 보일
수 있기 때문에 디렉터는 이중자아로서 개입하는 범위와 강도를 세심하게 조
율해야 한다.

3. 역할 바꾸기

역할 바꾸기는 이중자아, 거울 기법과 함께 가장 대표적인 사이코드라마 기
법으로 '역할교대'라고도 한다. 극의 초반에 주인공의 상대 역할을 이해하기 위
한 목적으로, 극의 중후반에는 주인공의 내적 통찰을 이끌어 내기 위한 목적으
로 주인공과 상대 역할의 역할 바꾸기를 시도한다.

전통적인 사이코드라마에서는 주인공과 주인공의 주변 인물들에 대한 정보
가 부족한 상태로 극이 시작되기 때문에 극중 주요 인물을 연기해야 하는 보조
자아들은 자신의 역할연기에 어려움을 느끼게 된다. 이때 디렉터가 주인공에
게 일일이 주어진 상황을 묻고 이야기를 나누는 방식을 취하기보다는 장면으
로 직접 들어가서 주인공의 행위화를 이끌어 내고, 이를 통해서 주어진 상황을
이해하도록 하는 것이 더 효과적이다. 주인공에게 상대 역할의 특징에 대해 설
명하도록 질문하지 않고 주인공이 직접 상대방, 즉 그 인물로 역할을 바꾸어
연기하도록 요청하는 것이다. 이 같은 장면 진행이 반복될 때 주인공은 행위를
통해서 자신을 표현하는 방법을 극 초반에 익히게 되고, 보조자아들은 주인공

의 행위화를 보면서 역할연기를 습득하고 다시 자신의 역할연기로 행위화하게 된다.

주인공에게 역할 바꾸기를 시도했을 때 한동안 이야기를 진행시키지 못하는 경우를 흔히 볼 수 있다. 이는 주인공이 상대방의 입장에서 생각하고 느껴 보는 시간이 그만큼 적었다는 뜻이 된다. 자신의 생각과 감정, 특히 고통스럽고 부정적인 내적 경험에 오랫동안 몰두해 있었던 결과, 주인공은 자신과 타인의 입장을 객관적으로 바라다보지 못하고 비생산적인 행동을 이어가게 된다.

이와 같이 역할 바꾸기 기법은 이러한 주인공의 인식 전환을 가속화시키는 효과를 지닌다. 주인공 스스로 타인이 되어 객관적으로 자신을 바라다보면서 자신의 오류를 인지하게 되고, 타인으로 역할연기를 하면서 이전에는 미처 보지 못했던 중요하고 섬세한 관점들을 이해하게 된다.

4. 사물 보조자아

사이코드라마는 역할연기를 통하여 극을 진행하고 행위화하기 때문에 주인공의 주변 인물들을 연기하는 보조자아가 필수적이다. 간혹 디렉터와 주인공의 양자 간(dyadic) 역할극으로 사이코드라마를 진행하기도 하지만, 사이코드라마의 다양한 효과를 기대하려면 집단을 구성하고 집단원들이 주인공과 보조자아를 상호 교대로 수행해야 한다. 그러나 무대에서 행위화할 수 있는 보조자아가 부족하다면 디렉터는 어떤 식으로 드라마를 진행할지 선택해야 한다.

첫째, 등장인물 중 장면에 필수적으로 등장해야 하는 인물들만 선택적으로 보조자아들을 사용하여 극을 진행할 수 있다.

둘째, 장면에 필요한 역할들을 한 명의 보조자아가 역할연기를 바꾸어 가며 수행하도록 할 수 있다. 이 경우에는 충분히 훈련된 보조자아만이 가능하며, 주인공 역시 중복된 역할연기에 대해 감정의 혼선이나 거부감 없이 장면에 몰입해야 하는 과제가 주어진다.

셋째, 사물(object)을 이용하여 보조자아 역할을 수행하도록 할 수 있다. 가장 흔히 사용되는 사물인 의자(chair)는 주인공이 자신의 감정과 생각을 의자를 향해 투사시키는 방식의 극 진행이다. 주로 주요 인물들이 빈 의자에 앉아 있다고 상상하면서 주인공이 역할연기를 하고, 다시 역할 바꾸기 기법을 적용하여 빈 의자에 주인공이 앉아서 상대방 역할을 하면서 조금 전에 자신이 이야기한 내용에 대해서 상대방의 입장에서 대답하는 방식으로 진행된다. 주인공이 자신과 상대방의 역할을 잘 수용하고 탄력적으로 연기해야 하기 때문에 이 기법은 상대적으로 주인공의 높은 자발성을 요구한다.

경우에 따라서는 몰입도를 높이고 주인공이 홀로 연기하는 부담을 덜어 주기 위해 디렉터가 직접 보조자아가 되어서 주인공의 상대 역할로서 연기할 수도 있다. 디렉터는 자연스럽게 의자에 앉거나 의자 뒤에 서서 주인공의 말에 다양한 반응을 하면서 주인공이 내면으로 더 깊이 들어갈 수 있도록 도울 수 있다. 이는 상당히 심리적이며 상징적인 특성을 지니는 기법이다. 의자를 이용한 보조자아 활용의 실제 사례를 살펴보자.

사례 9

의자를 이용한 보조자아 활용

주인공을 제외하고 3명의 집단원이 있는 매우 작은 집단에서 극이 시작되었다. 주인공은 현재 다니고 있는 직장에서 많은 스트레스를 받고 있고, 직장 내의 많은 사람이 직간접적으로 주인공에게 영향을 주고 있는 상황이다. 디렉터는 주인공에게 가장 큰 영향이나 스트레스를 주고 있는 인물 4명을 떠올릴 것을 요청하였고, 그들이 주는 스트레스의 정도에 따라서 무대에 순차적으로 배열하도록 하였다. 스트레스를 주는 4명의 역할을 의자로 대치하고, 낮은 의자에서 높은 의자 순으로 스트레스 강도에 맞춰서 배열하였다.

...

장면이 진행되면서 가장 낮은 의자, 즉 상대적으로 스트레스를 덜 준 인물을 만나는 것부터 시작하여 점차 심한 스트레스를 주는 인물로 이동해 갔다. 우선 주인공 자신의 입장에서 연기하고 역할 바꾸기를 통해 상대방의 입장에서 자신의 말에 응답하는 형식으로 장면을 이어 나갔다. 이때 디렉터는 주인공을 도와서 주인공의 입장을 대변해 주는 디렉터 더블 역할을 수행하거나 상대 역할로 들어가 보조자아로서 주인공이 극에 몰입할 수 있도록 도움을 주었다.

...

그리고 비중 있는 상대 역할은 집단원을 이용하여 인물의 보조자아 역할을 직접 연기하도록 장면을 이끌었다. 탄력적으로 의자와 집단원을 상대 역할로 장면에 투입했을 때, 주인공은 자신과 상대 역할에 보다 깊게 몰입할 수 있었다.

5. 거울 장면

거울 장면(mirror scene) 기법은 역할 바꾸기, 이중자아 기법과 함께 사이코 드라마의 3대 핵심 기법으로, 주인공이 자신의 모습과 말과 행동을 마치 거울을 보는 것처럼 경험할 수 있도록 역할연기와 장면을 연출하는 기법이다. 충격적인 장면을 직접 연기하고, 생생한 감정들을 다시 경험한다는 것은 주인공에게는 말할 수 없이 두렵고 고통스러운 작업이다. 그렇기 때문에 디렉터는 이를 충분히 고려하여 안전하며 간접적인 방식을 우선적으로 적용하는 것이 필요하다. 이러한 간접적인 방식들 중 대표적인 것이 거울 장면 기법이다.

거울 장면 기법은 주인공이 무대의 가장자리로 이동한 상태에서 보조자아들만이 역할연기를 진행하면서 주인공이 객관적인 시각으로 장면을 바라볼 수 있도록 한다. 주인공이 자신에게 일어난 일과 사건을 마치 타인에게 일어난 것처럼 '거리를 두고' 바라보도록 하는 것이 이 기법의 기본적인 목적이다.

이는 무대 위에서 자신을 관찰하도록 이끄는 기법이고, 주인공에게는 주어진 장면에 대한 강력한 피드백을 제공할 수 있다. 주인공에게 '당신의 말과 행동이 ~하다'라고 직접적이고 언어적인 피드백을 주기보다는 타인의 관점에서 자신을 바라봄으로써 인지적 통찰에 다가서도록 돕는 것이다. 따라서 주인공은 자신에게 일어났던 상황을 보다 안전하게 재경험하고 객관화된 시각을 가질 수 있게 된다.

거울 장면 기법은 크게 두 가지의 목적으로 사용하는데, 첫째, 앞서 설명한 주인공이 안전하게 거리를 두고 자신에게 일어난 일과 사건을 경험하도록 장면을 설정하는 것이고, 둘째, 극의 흐름에서 주인공이 자신의 문제, 갈등 등을 잘 받아들이지 못하는 경우에 자신의 모습을 객관화시켜 바라보게 하는 작업으로 유용하다. 주인공은 거울 장면 기법을 통해 자신의 관습적인 모습을 정면으로 마주하게 되고, 이를 통해 억압하고 회피하고 있던 자신의 감정과 사고를 인지하게 된다.

이때 디렉터는 주인공의 자아 강도에 맞추어 수치심이 유발되지 않도록 신중하게 장면을 진행해야 한다. 특히 심각한 사건이나 심리적 스트레스 상황을 재연할 때는 직면할 수 있는 주인공의 내면의 힘과 준비 상태를 고려해서 주인공의 몰입 수준에 맞추어 안전하게 장면을 이끌어 가야 한다.

6. 미래 투사

미래 투사(future projection)는 극의 후반에 주인공의 꿈이나 미해결 과제의 완결을 위해 미래로 시점을 이동하여 미리 경험해 보도록 하는 연출 기법이다. 아직 가 보지 않은 미래 상황을 마치 지금-여기에서 일어나고 있는 것처럼 주인공이 경험하도록 장면을 이끄는 것으로, 사이코드라마의 잉여현실을 기반으로 진행하는 장면 기법이며, 디렉팅의 원칙인 REDO(장면 수정)의 확장이라고도 할 수 있다. 주인공은 과거의 상황에서 벗어나 새로운 미래를 경험해 보고 미지의 상황에 대한 대응 능력과 자신감 향상을 경험하게 된다.

사이코드라마의 기본적 진행 방향은 점차 과거로 이동하여 핵심 장면에서 주요 대상과 만나 작업한 후에 주인공을 현재로 돌아오게 하여 현 상황의 갈등 또는 문제를 해결할 수 있도록 하는 것이다. 이어서 필요하다면 주인공의 새로운 통찰을 강화하고, 미래 상황에서도 적용 가능하도록 역할 훈련 또는 훈습의 목적으로 미래 투사 기법을 사용할 수 있다. 예를 들어, 대학원 진학과 취업을 두고 갈등하는 주인공이 있다면 주인공의 갈등의 근원을 찾아서 과거의 핵심 장면 작업을 진행한 후에 주인공이 자신의 선택을 미리 체험해 볼 수 있도록 미래로 장면을 이동하여 간접 경험과 그 결정의 장단점을 판단하는 기회를 줄 수 있다.

또 다른 예로는 독단적인 아버지와 갈등을 겪고 있는 아들인 주인공에게 20~40년 후의 먼 미래로 장면을 설정하고, 주인공이 무대를 걸어가면서 시간의 흐름을 경험하도록 하는 것이다. 주인공과 아버지가 함께 늙어 가는 상황을 시간적 흐름을 설정하고 아버지가 죽음을 앞두었거나 죽음 이후라는 상황에 주인공이 마주하도록 장면을 연출한다. 그 상황에서 자신의 마음을 지배하고 있는 감정을 확인하면서 주인공은 현재의 갈등 상황에 대한 통찰을 얻게 된다.

7. 사망 장면

사망 장면(death scene)은 주로 극의 후반부에서 주인공의 문제나 갈등을 해결하거나 심리적 해소를 위해 시도할 수 있는 매우 강력한 연극적 기법이다. 극 중 중요한 인물의 예상치 못한 죽음을 주인공이 경험하도록 장면을 연출함으로써 주인공은 자신의 내면에 감추어진 감정, 즉 사랑과 인정, 의존과 분노 등을 의식화하여 분출할 수 있게 된다.

　　이 기법은 영원한 이별 또는 종결이라는 심리적 의미를 지니는 죽음을 주인공의 핵심 갈등과 연결하여 작업하는 것으로, 죽음을 전후하여 주인공이 중요 인물을 만나도록 장면을 만들고 그 마지막 만남을 통하여 해소되지 않았거나 완결되지 못한 감정들을 최대한 쏟아 내도록 한다.

　　다음의 사례는 부정적인 면과 긍정적인 면으로 분열되어 있었던 주인공의 감정이 사망 장면을 통해 의식화되고 통합되어 가는 과정을 보여 준다. 주인공은 자신이 그토록 부정하던 엄마에 대한 인정과 사랑의 갈망을 엄마의 죽음이라는 마지막 만남(the last encounter)의 순간에 인정하고 수용하게 되었다.

사례 10

사망 장면

　엄마를 미워하지만 또한 엄마에게 인정받고 싶어 하던 딸은 자신의 이중적이고 혼란스러운 감정을 잘 받아들이지 못하고 있었다. 디렉터는 우선적으로 엄마에 대한 미운 감정을 직접 표현할 수 있도록 장면을 이끌어 부정적인 감정을 마음 밖으로 표출시켜 의식화하는 작업을 진행하였다.

　이어서 '엄마의 죽음'이라는 잉여현실의 극적인 경험을 통해 주인공은 의식하지 못했던 감정들을 경험하게 되었다. 마음속 깊은 곳에 자리 잡고 있어서 인지하지도 못했던 '엄마에게 인정받고 싶은 감정'은 엄마의 죽음보다도 더 강렬해서 엄마의 죽음을 바라보며 슬픔 이상으로 원망과 절망이 터져 나왔고, 이 감정의 근원이 되는 인정받고 싶은 욕구를 만나게 되었다. 이 욕구는 오랫동안 엄마로부터 수용받지 못하면서 억압되어 오고 있었다.

8. 높은 의자

높은 의자(high chair)는 주인공이 의자 위로 올라가서 상대방보다 높은 위치에 선 채로 장면을 진행하도록 하는 기법이다. 일반적으로 주인공은 갈등의 대상에게 심리적으로 위축된다. 그래서 사이코드라마 디렉터는 무대 위에서 주인공을 지지할 뿐만 아니라 주인공에게 갈등의 대상과 직접 마주할 수 있도록 상징적으로 힘을 부여하는 높은 의자 기법을 사용할 수 있다.

의자 위에 올라서서 상대방을 내려다보면 평소 자신의 태도와 마음가짐과는 다른 갈등 인물을 눈 아래로 내려다보는 낯선 경험을 하게 된다. 특히 두렵거나 권위적인 인물들인 직장 상사나 선배 또는 부모나 가해자 등과 직접 마주하는 장면에서 주인공은 습관적이거나 반사적으로 위축된 자세와 감정들을 나타낸다. 이때 주인공에게 높은 의자에 올라서도록 하면 처음에는 어색해 하지만 점차 주인공은 자신이 상대방보다 '더 커지고, 더 강해진' 심리적 상태를 경험하게 된다. 주인공은 말문이 터지기 시작하고, 보다 큰 소리로 자신의 생각과 감정을 표현하게 되며, 고양이 앞에 생쥐 같던 익숙한 주인공의 현실에서 서로 뒤바뀐 잉여현실을 경험하면서 새로운 통찰과 카타르시스를 체험하게 된다. 디렉터는 주인공이 자신의 생각과 감정을 당당하고 용감하게 표현할 수 있도록 지지하며, 주인공이 심리적 거인이 된 것 같은 기분을 경험하도록 한다.

9. 가족사진

가족사진(family-photo) 기법은 주인공과 그 가족(보조자아들)이 마치 스튜디오에서 사진을 찍듯이 무대에서 자세를 취하는 것이다. 가족사진을 찍을 때는 가족의 위치 및 자세를 주인공 스스로 설정하도록 하여 새로운 가족 내에서 주도적이며 중심적인 역할을 경험할 수 있도록 해야 한다.

주인공의 해결 과제가 가족 구성원과의 문제인 경우, 주인공이 경험한 부정적인 감정들을 충분히 표현하도록 해야 한다. 가족 내 부정적인 감정의 대부분이 부모와의 갈등이기 때문에 쉽게 표현하지 못하거나 위장되고 억압된 감정들도 많다. 그러므로 행위화 과정 중에 다양한 기법과 장면을 이용하여 주인공이 최대한 감정을 표출할 수 있도록 디렉터는 이끌어야 한다. 주인공이 느끼는 부정적인 감정이 타당한 감정임에도 불구하고, 소중한 사람들에 대해 부정적인 감정들을 쏟아 내고 나면 죄책감으로 괴로워하는 경우를 종종 보게 된다. 그래서 부정적인 감정을 표현한 후에는 반사적이며 불편함을 일으키는 감정들을 완화 또는 해소하여 심리적 균형을 잡아 주는 작업이 필수적이다. 이러한 상황에서 효과적으로 사용할 수 있는 기법이 가족사진이다.

가족사진은 가족과의 화해와 희망을 상징적으로 보여 주는 작업으로서 주인공의 부정적 감정 뒤에 숨어 있는 인정과 사랑, 의존심 등이 자연스럽게 표현되고 수용되는 상징적 행위가 된다.

10. 돌파

돌파(break-out) 기법은 사이코드라마의 종반부에서 주로 쓰이는 기법으로, 주인공이 자신의 내적 한계 상황을 돌파하고 새로운 상황으로 들어간다는 상징적인 효과를 기대하면서 진행하는 동적인 기법이다. 그래서 감정 분출이 충분히 이루어진 다음에 통찰을 재강화하는 행위화 작업으로 돌파 기법을 주로 사용한다.

집단원을 무대로 올라오게 하여 원 모양으로 주인공을 둘러서도록 한 후에 관객들이 서로 손을 잡으면 주인공은 원 안에 갇힌 모습이 된다. 즉, 주인공은 자신을 힘들게 하고 괴롭혀 오던 문제들에게 상징적으로 갇힌 상태가 되고, 이러한 문제의 해결을 위해서 주인공은 인간 장벽을 돌파해서 빠져나오는 미션을 수행해야 한다.

이때 집단원으로 만들어진 원(장벽)은 무대에서 자유롭게 이동이 가능하며, 주인공이 쉽게 장벽을 돌파하지 못하도록 집단원들이 적극적으로 방어하도록 상황 설정을 한다. 그리고 디렉터는 주인공이 자신의 문제 해결 및 소원 성취를 위해서 간절함과 적극성으로 본 작업에 임하도록 동기와 힘을 부여해야 한다. 이렇게 디렉터가 진지하고 적절하게 의미를 부여했을 때, 주인공과 집단원들은 단지 게임이 아닌 현실의 장벽으로 상황에 몰입하게 된다.

주인공과 집단원 사이에 직접적인 신체적 접촉과 행위가 일어나는 작업이기 때문에 디렉터는 주인공과 집단원의 간격과 소요 시간, 그리고 접촉의 강도 등을 세심하게 조율하여 상호 안전하게 그리고 효과적으로 진행되도록 해야 한

다. 상징적으로 자신의 한계를 뛰어넘는 돌파 기법은 주인공의 통찰과 결단을
다시 한번 강화시키는 매우 효과적인 작업이다.

11. 분할 장면

분할 장면(split screen)은 영화 촬영 기법의 하나로, 회상(flashback)이나 다른
공간에서 일어난 일이나 사건을 동시에 보여 주기 위한 목적으로 많이 사용된
다. 한 개의 프레임(frame) 안에서 여러 개의 영상을 보여 줌으로써 장면들 간
의 상호 연관성 또는 상징적 의미를 시각적으로 바로 인지하도록 해 주며, 상황
에 대한 이해를 높여 준다. 이 기법은 사이코드라마의 미학적인 측면을 보다 강
화시키는 요소로도 작용한다.

예를 들어, 직장에서 다른 직원들과 의사소통 없이 외톨이로 지내는 에피소
드(사무실에 다른 직원들이 모여서 커피를 마시는데 주인공만 홀로 책상에 앉아 있
는 모습)를 회상 장면으로 구성한다면 이러한 분할 장면은 주인공의 주어진 현
실과 심리적 상태를 효과적으로 관객들에게 전달할 수 있게 된다.

서로 다른 시공간에 위치하는 장면들을 하나의 무대에 구현하기 위해서 소
도구를 활용하는 것도 시각적 효과를 높일 수 있다. 긴 막대기나 낮은 칸막이를
무대 가운데에 설치해서 무대를 두 개의 공간으로 분할하며, 하나는 현재 주인
공이 머물고 있는 장소로, 또 다른 하나는 상대방이 위치한 새로운 공간으로 설
정하는 것이다. 이처럼 서로 다른 시공간에 머물고 있는 현실을 사이코드라마
의 무대는 시공간을 초월하는 장면으로 구성해 나간다.

12. 방 장면

　방 장면(room scenen) 기법은 주인공의 주요 생활공간(침실, 거실, 서재 등)을 무대 위에 펼쳐 놓는 것으로, 주인공의 실제 삶을 시각적으로 관찰할 수 있으며, 주인공에게 중요한 물건이나 애착 대상을 사물 보조자아가 연기하게 함으로써 주인공이 자신의 심리적 현실과 작업할 수 있도록 한다.

　이 기법은 주인공이 실제로 사용하는 침대, 인형, 쿠션, 옷장, 책상, 거울, 화장대, 책장, 컴퓨터, 텔레비전과 같은 가구와 소품들을 주인공만의 특징적 사용과 심리적 상태를 상호 연결시켜서 역할연기로 이어 나가는 것이 핵심이다. 따라서 보조자아들이 주인공의 상징적 · 심리적 의미를 이해하고 적절하게 연기하는 것이 가장 중요하다.

　예를 들어, 침대라면 그 고유의 기능인 잠과 휴식의 역할을 기본으로 하여 주인공과 대화를 시작할 수 있다. 만약 주인공이 많은 시간을 누워 있고 잠만 자는 '의욕이 저하된' 상태라면 다음과 같이 대화를 이어 갈 수 있다.

　"주인님, 요즘 전보다 더 저를 아끼고 많이 사랑해 주시는 것 같아요!"

　"저는 늘 함께할 수 있어서 좋지만, 주인님이 너무 밖으로 안 나가시니까 사실 좀 걱정도 돼요……."

　사물 보조자아들과의 대화 속에서 주인공은 자신의 삶을 객관적으로 바라볼 수 있게 되고, 회피하려는 현실을 직면하고 통찰력을 얻게 된다.

토론

1. 가족 내 갈등으로 억압된 분노를 가진 주인공의 사이코드라마 진행 시, 사용 가능한 기법 들을 나열하고 설명한다.

2. 과도한 인정의 욕구로 관계 내에서 열정과 좌절을 반복하는 주인공에게 행위화할 수 있는 거울 장면을 구성하고 실연한다.

3. 연극적 효과를 강화할 수 있는 기법들에 대해서 기술하고 장면화한다.

4. 사망 장면의 진행 시, 고려해야 할 사항들에 대해 토론한다.

7장 ——— 사이코드라마 디렉팅

Psychodrama

사이코드라마의 행위화 과정에서 디렉터가 하는 모든 행위를 디렉팅이라고 하며, 사이코드라마의 기본 철학을 바탕으로 한 실천적 디렉팅의 단계적 작업은 DO, UNDO, REDO의 3단계 과정으로 설명할 수 있다. 사이코드라마는 일종의 즉흥 연극이다. 잘 짜여진 각본도 훈련된 배우도 없고, 오직 공연 당일 모인 관객들의 자발성과 이를 바탕으로 한 행위화 작업, 그리고 공감적 나눔만이 사이코드라마를 '사이코드라마'답게 만들 수 있다.

보통 사람의 평범한 이야기가 그 날의 주제가 되기 때문에 사이코드라마 디렉터는 치료자, 연출가, 집단 지도자로서 그 날의 이야기 하나하나에 의미를 부여하여 무대 위에서 구조화시켜 나간다. 주인공의 마음이 눈에 보이도록 장면으로 변환시키는 작업이 바로 사이코드라마 디렉팅이라고 할 수 있다.

디렉팅을 위해 사이코드라마 디렉터는 주인공과 호흡하며, 주인공의 옆에서 또는 주인공의 얼굴을 바라볼 수 있는 맞은편에서 주인공의 얼굴 표정과 몸짓에서 나오는 수많은 신호를 적시에 받아들여야 한다. 능숙한 디렉터는 주인공의 감정을 보다 명료하게 표현시켜 주고, 주인공의 작은 감정을 보다 크게 증폭시키는 매우 중요한 역할을 한다. 이러한 역할을 극 중에서 직접 구체화시키기 위해 디렉터는 이중자아의 역할을 탄력적으로 수행하게 된다.

디렉터는 집단원의 자발성을 유도하면서 주인공과 관객이 서로 공감하면서 연결되도록 지속적으로 노력해야 하며, 각각의 작업이 조화롭게 이루어지도록 진행해야 한다. 주인공의 언어적·비언어적 단서와 행동 패턴에 주의를 기울이고, 그 단서에 따라 장면을 설정하거나 중단시키면서 새로운 장면을 재구성하게 된다. 이렇듯 디렉터는 역할연기를 포함한 무대 위의 모든 작업을 시작부터 끝까지 이끌고 책임져야 한다. 또한 주인공을 안전하게 보호하는 다양한 장치인 거울 장면, 분신, 디렉터 더블 등을 적절하게 활용할 수 있을 때 주인공의 트라우마는 효과적으로 치유될 수 있다.

1. DO

DO(encounter the reality; 재연, 현실과 마주하기)는 사이코드라마 디렉팅의 첫 번째 단계로 '장면을 진행한다'는 뜻을 가지고 있으며, 주인공과 인터뷰 후에 장면의 설정 및 뒤따라오는 역할연기까지를 포함한다. 디렉터는 인터뷰를 진행하면서 다가올 첫 장면을 구상하고, 주인공의 상대 역할을 연기할 보조자아를 선정하고 장면을 구체화해 나간다. DO는 주인공의 이야기를 바탕으로 한 에피소드의 직접적인 재연(replay)이며, 주인공과 보조자아들이 극의 진행 과정에 익숙해지기 위한 첫 작업이자 일종의 준비 작업이다.

구체적이고 명확한 장면 설정은 주인공과 관객 모두에게 오늘의 이야기가 무엇인지를 기대하게 하고, 보다 쉽게 몰입이 일어나도록 도움을 준다. 이와 같이 DO는 극의 중심부 또는 내적 현실(inner reality)로 들어가기 전의 '현실에서 일어난 일과 그 사건의 전개, 그리고 이를 통한 상황의 이해'에 보다 초점을 둔 디렉팅의 첫 단계에 해당한다.

대부분의 시작은 주인공의 행위갈망과 연관된 가까운 과거 에피소드의 재연(replay)이고, 이어서 보다 먼 과거 순으로 장면이 진행된다. 따라서 DO 작업이 자연스럽게 진행된다면 이어지는 두 번째 단계인 UNDO에서 보다 깊은 수준으로 극은 나아가게 된다.

2. UNDO

UNDO(encounter the emotion; 감정의 정화, 감정과 마주하기)는 사이코드라마 디렉팅의 두 번째 단계로, 본 극으로 불리는 사이코드라마의 행위화 과정이다. 사이코드라마는 주인공의 행위갈망에 의거하여 역할연기를 통한 이야기(narrative)를 구성하고 장면(scene)을 진행해 나간다. UNDO의 사전적 의미는 '잠긴 것이나 묶인 것을 풀다' 또는 '무효로 만들다' '원 상태로 돌린다'는 뜻을 가지고 있다. 이처럼 감춰진 마음의 진실을 찾기 위해서 덮개를 걷어 내고 잠긴 마음의 문을 열고 들어가서 가면을 벗은 진정한 자신과 만나게 하는 것이 UNDO 작업의 과정이자 목표이다.

사이코드라마 디렉팅에서 UNDO는 주인공이 의식화하지 못하고 회피하거나 억압된 감정들을 무대에서 경험하게 하고 표현할 수 있도록 도움을 주고자 의도적으로 개입해 나가는 과정이다. 평상시에는 도덕적 윤리의식, 사회적 관습 또는 정신적 외상(trauma)으로 인한 충격 등으로 감춰진 감정들을 사이코드라마 무대에서 의식화시켜 드러나도록 작업을 진행한다.

그러므로 UNDO는 사이코드라마 디렉팅 과정에서 가장 중요한 단계이며, 자신의 내면과 직접 만나는 과정을 통해 주인공은 자신을 보다 잘 이해하고 느끼게 된다. 또한 주인공을 공감(identification with protagonist)해 주는 관객들과 함께 삶의 고통을 승화시키고 현실적으로 문제해결의 방법을 찾아가게 된다.

이러한 마음의 진실과 마주하도록 디렉터는 주인공의 사고와 감정을 세심하게 어루만지고 함께 나아가야 한다.

실제 진행 과정에서는 '등 돌리기' '이중자아' 기법 등을 사용하여 주인공이 보다 쉽고 안전하게 자신의 감정을 받아들이고 경험하며 표현할 수 있도록 도움을 줄 수 있다. '등 돌리기' 기법은 주인공이 갈등이나 욕구의 중심이 되는 상대 역할을 자신에게서 뒤돌아서게 한 후, 자신의 마음을 표현하도록 장면을 구성하는 것이다. 불편한 대상의 얼굴을 직접 보지 않게 해 줌으로써 주인공은 좀 더 편안하게 자신의 감정과 생각들을 드러낼 수 있게 된다. 또한 이중자아 기법의 두 가지 방식인 '속마음 이중자아' 기법과 디렉터가 직접 이중자아 역할을 수행하는 '디렉터 더블' 기법을 활용하여 주인공이 자신의 심층적인 진실을 마주하고 드러낼 수 있도록 돕는다.

3. REDO

사이코드라마는 준비와 행위화, 그리고 나눔으로 구성된다. 집단의 높아진 자발성을 바탕으로 주인공은 자신의 이야기를 행위화하며 다시 집단으로 돌아와서 집단원과의 나눔으로 끝맺음을 하게 된다. 이와 같은 맥락으로 REDO(encounter the surplus reality; 잉여현실과 마주하기)는 행위화 단계를 확장시켜서 주인공의 자기통찰을 강화하고 새로운 가치에 대한 긍정적인 도전을 할 수 있도록 돕는 단계이다.

REDO는 사전적으로 '어떤 일이나 사건을 다시 하다' 또는 '개조하다'라는 의미를 가진다. REDO에서 '다시 하다'의 의미는 단순 재연이 아닌 '이전의 상황 또는 사건으로 돌아가서 새로운 생각, 감정으로 재연하는 것', 즉 '수정해서 다시 한다'라는 의미이다. 이는 정신적 외상, 트라우마(trauma)의 치유 개념을 적용해 보면 의미가 보다 명확해진다. 트라우마를 경험했던 상황 또는 장면으로 다시 돌아가서 주인공이 그때와는 다른 행위를 선택하고 행위화할 수 있도록 이끄는 것이다.

정신적으로 큰 충격을 받으면 대부분의 사람은 공포감(fear)과 함께 얼어붙고(freezing) 자기통제력(self-control)을 잃어버리게 된다. 사건에 대한 기억에 사로잡혀서(flash-back) 지나친 자책감(self-accusation)에 빠지기도 한다. 이는 트라우마 후에 나타날 수 있는 심각한 후유증으로, 충격적인 사건은 이미 종료되었지만 일상생활은 사건 이전으로 돌아가지 못하고 여전히 그 사건의 충격 속에 머물게 되는 것이다. 사이코드라마에서는 이러한 트라우마 피해자(생존자)가 일상으로 복귀하도록 돕기 위해 충격적인 사건을 수정하고 변화시켜서 새롭게 재경험하도록 하고, 이를 통해 보다 유연해진 사고와 감정 그리고 행위로 발달하도록 돕는다.

REDO는 앞서 진행된 DO와 UNDO를 기반으로 변화된 자신을 드러내고 표현하는 작업이다. UNDO 작업을 통하여 주인공이 자신의 사고와 감정들을 충분히 표현하고 나면 자연스럽게 통찰이 생겨나게 된다. 그리고 주인공은 새로운 행위를 선택할 수 있는 역량이 생겨난다. 이는 자발성이 넘치는 행위이며, 이를 통해서 삶의 새로운 가치, 즉 창조성을 끌어낼 수 있게 된다. 이 새로운 가치 또는 현실을 사이코드라마에서는 '잉여현실'이라고 부른다. 기존 현실(장면)의 부분적 수정에서부터 완전히 새로운 변화에 이르기까지 잉여현실은 주인공에게 마치 마법(magic)과 같은 새로운 경험을 제공하게 된다.

자신이 늘 챙겨 주던 친구로부터 섭섭한 일을 당해 속상함과 분노를 느끼는 주인공이 있다고 가정하자. 사이코드라마가 진행되면서 주인공은 친구에 대한 속상함과 화나는 감정을 표현하기 시작하였는데, 이 작업이 UNDO에 해당하는 작업이다. 그리고 이어진 REDO에서는 아직 일어나지 않았지만 미래에 일어나기를 바라는 주인공의 소망대로 장면을 구성하고 설정한다. 예를 들면, 주인공이 그 친구를 중요하게 생각하는 만큼 그 친구도 주인공을 중요하게 생각해 주는 이벤트 장면으로 극을 진행하거나 자신의 출산 소식을 그 어떤 다른 친구들보다도 먼저 주인공에게 알려 와서 주인공이 함께 기뻐하는 장면으로 잉여현실을 구성할 수 있다. 이러한 설정은 주인공이 원하는 소망이지만 현실에서는 일어나지 않을 수도 있다. 그러나 이러한 소망을 행위화함으로써 주인공은 자신의 감정을 보다 명확하게 느끼고 이해하게 되며, 주인공이 그 친구에게서 느꼈던 분노 감정과 두 사람 간의 관계에서 실제적 변화가 일어나게 된다.

REDO는 사이코드라마 디렉팅의 완결 작업이다. 앞서 진행된 DO와 UNDO 작업의 종착점이자 수고한 주인공에게 주는 선물 같은 시간이며, 상처에서 벗어나 자유로운 자신과 마주할 수 있는 귀중한 작업이다.

4. Play-Back Drama

Play-Back Drama(플레이-백 드라마, PBD; semi-structured one-scene psychetrama)는 반구조화된 형식의 한 장면 사이코드라마이다. 하나의 에피소

드로 구성된 하나의 장면 안에 DO(재연), UNDO(감정의 정화), REDO(잉여현실과의 만남)가 단계적으로 진행된다. PBD는 간결하고 짧은 시간의 작업임에도 불구하고 사이코드라마의 가장 중요한 목표라고 할 수 있는 행위통찰과 참만남이 자연스럽게 한 장면 안에서 일어나도록 한다.

PBD는 사이코드라마 디렉팅의 원칙을 한 장면 내에서 구현하여 주인공과 관객이 공감할 수 있도록 구조화하였다. PBD는 저자가 직접 고안하고 매뉴얼화한 사이코드라마 형식으로서 전통적인 사이코드라마에 비해서 보다 연극적이고 공감에 초점을 두고 진행한다. 먼저, 주인공이 이야기하는 에피소드를 듣고 가장 중요하거나 의미 있다고 파악된 감정이 잘 표현될 만한 장면을 선택한다. 주인공의 일련의 에피소드 중에서 한 장면만을 무대에서 행위화하기 때문에 전통적인 사이코드라마에 비하여 보다 많은 인터뷰 시간이 소요된다. 주인공이 해당 장면에서 느끼고 경험한 감정들을 관객들에게 보다 생생하게 전달하기 위해서는 해당 사건과 관련된 이전의 상황들에 대해서, 그리고 주인공의 심리적 상태에 대해서 충분히 이해하고 있어야 하기 때문이다. 그래서 한 장면을 이해하기 위한 주인공의 삶의 서사(narrative)가 드러나는 인터뷰가 사실상 첫 장면이 된다. 또한 인터뷰는 본격적으로 무대에서 펼쳐질 주인공의 역할연기를 준비시키는 효과도 있다.

충실한 인터뷰 후에 에피소드의 재연(DO)을 시작할 때, 주인공의 안전한 경험을 위해 거울 장면으로 시작한다. 거울 장면은 주인공이 직접 역할연기를 하지 않고 대역인 이중자아(double)가 실제 에피소드에 따라 주인공의 역할을 재연(replay)하게 된다. 거울 장면이라고 할지라도 주인공에게는 남다른 의미가 있었던 순간이기에 주인공은 보는 것만으로도 감정의 변화를 경험하게 된다.

그리고 이어지는 장면은 주인공이 직접 장면에 들어가서 그 에피소드를 역할연기로 재경험하는 것이다. 장면 밖에서 바라보면서 느끼고 떠오른 생각과 감정들을 다시 무대 안으로 들여와서 주인공이 직접 경험하고 표현함으로써 주인공은 인정하기 싫은 감정과 사고들을 마주하기 위해 자발성을 가지고 집중해 나가게 된다. 이처럼 UNDO(감정의 정화) 장면은 한 장면 드라마에서 가장 중요한 역할을 하게 된다. 주인공은 자신의 속마음을 이중자아(double)가 되어서 말로 표현하고 디렉터 또한 디렉터 더블(director double)로 주인공의 감정과 사고들을 함께 표현하게 된다. 주인공은 불편하게 느끼던 삶의 진실과 마주하면서 강력한 행위통찰을 경험하고 참만남을 통해 참자기와 만나게 된다.

다음 단계는 주인공이 UNDO(감정의 정화) 장면에서 얻은 행위통찰을 기반으로 장면을 수정하는 REDO(장면 수정) 작업이다. 장면 수정을 통해 과거의 에피소드는 생명력을 얻고, 주인공에게 새로운 가능성인 사이코드라마의 잉여현실이 무대 위에서 구현된다.

전통적인 사이코드라마는 연속적인 장면의 진행으로 주인공의 내적 세계를 탐색(searching)하고 그 해결(resolving)을 시도하는 데 큰 장점이 있다. 대신에 최소 2~3시간의 긴 시간을 필요로 하므로 주인공과 관객들의 피로와 인내심, 몰입 등의 어려움이 나타날 수 있다. 반면에 플레이-백 드라마(play-back drama)는 전통적인 방식의 사이코드라마를 한 장면으로 압축하여 진행하는 것이며, 1시간 이내의 짧은 시간 안에 주인공이 자신의 삶의 단면을 바라보고 경험하면서 관객들의 공감과 지지를 지향점으로 진행한다는 장점이 있다.

기억하고 싶지 않은 에피소드가 자꾸 떠오르는 20대 초반의 여주인공의 사례에서 저자는 플레이-백 드라마의 원칙과 구조로 REDO 작업을 진행하였

다. 주인공에게 이미 벌어진 상황을 안전하게 재연시키고, 그 순간에 주인공
이 느꼈던 감정과 사고를 안전하게 재경험하도록 수정하고, 주인공의 욕구에
맞춰 상황을 재구성하여 무기력했던 마음을 회복시켜 나갔다. 어찌할 수 없었
던 상황에 대해서 자신을 바라보고 상황을 이해하도록 장면을 설정해 주어 얼
어붙은 감정이 자연스럽게 녹아내리고 새로운 통찰이 생겨나도록 DO, UNDO,
REDO의 순으로 진행하였고, 이 모든 작업을 진행하는 데 소요된 시간은 약
40분이었다.

사례 11

디렉팅(DO-UNDO-REDO)의 적용

　주인공(당시 8세)과 동네 언니는 횡단보도에서 길을 건너기 위해 함께 기다리다가 급한 마음에 빨간 신호등을 무시하고 길을 건넜고, 돌진하는 차에 동네 언니(중학생 추정)가 교통사고를 당하는 장면을 목격하게 되었다. 그 후 이 날의 끔찍했던 기억은 반복되는 기억으로 자리 잡아 주인공을 힘들게 하는 트라우마가 되었다. 주인공은 이 트라우마를 해결하고자 무대에 올랐다.

…

　거울 장면 기법을 이용하여 교통사고 장면을 안전하게 재연하였다. 디렉터는 주인공이 사고가 나는 장면을 무대에서 멀리 떨어져서 지켜보도록 하였다. 주인공의 대역, 즉 주인공의 이중자아(double)가 상황에 따라 연기를 하는 모습을 보면서 주인공은 두려움과 슬픔에 떨며 소리 내어 울기 시작하였다. 마음의 준비가 되면 주인공이 언제든지 직접 상황에 들어갈 수 있다는 것도 주인공에게 알려 주었다.

…

　주인공은 달려오는 차를 보며 손으로 눈을 가렸고, 천천히 눈을 뜬 채 쓰러진 언니를 향해 느린 걸음으로 걸어갔다. 여전히 떨며 울음을 멈추지 못한 채로 주인공은 도로 바닥에 누워 눈을 뜨고 있는 언니에게 다가가 자신의 마음을 표현하였다. 실제 상황이 일어난 순간에는 언니를 위해 울어 주지도 못했던 미안한 마음과 죽지 않았을까 하고 걱정했던 마음, 언니의 사고를 목격한 후에 고통받았던 자신의 마음에 대해서 고백하였다. 아주 오래된 상처의 감정들이 몸으로 올라오는 것 같다며 주인공은 온몸을 부들부들 떨고 있었고, 이에 이중자아가 주인공을 꼬옥 감싸 주었다. 이렇듯 이중자아의 지지를 활용하는 것은 트라우마 작업에 필수적이다.

…

　디렉터는 주인공에게 누워 있던 언니와 역할 바꾸기를 통하여 자신을 바라보게 하였
다. 주인공은 언니의 자리에 눕자마자 한 번 더 울기 시작하였으나 주인공의 역할을 하
는 이중자아가 언니에게 진심 어린 마음으로 얼마나 언니를 걱정하고 또 얼마나 미안했
는지, 밤마다 언니 생각이 나서 잠 못 들고, 그 후로 사고가 났던 길 근처를 가는 것이 너
무 두려웠으며 횡단보도도 건너지 못하고 주저앉아 울었던 자신의 이야기를 하였다. 주
인공은 이중자아의 고백을 들으며 차츰 진정되어 가기 시작하였다. 디렉터는 언니가 된
주인공에게 하고 싶은 말을 하도록 권유하였고, 주인공은 이중자아에게 놀라게 해서 미
안하고, 자신은 비록 아프지만 괜찮다고 이야기해 주었다. 구급차가 와서 다친 언니를
이송해 가는 상황까지 드라마는 아주 섬세하게 장면을 이어 나갔다.

...

　언니가 건강하게 살아 있기를 소망한 주인공의 소망대로 미래의 상황으로 장면을 구성
하였다. 약 20년이 지난 현재 시점의 어느 날, 사고가 난 그 횡단보도에서 우연히 그 언
니를 만나는 장면으로 진행하였다. 언니는 주인공을 몰라보았지만 주인공은 알아보았
다. 그 상황에서 주인공의 속마음 이중자아가 주인공의 속마음을 독백하기 시작하였다.

"언니, 살아 있어 줘서 고마워."
"언니, 이렇게 만나 줘서 너무 고마워."

　주인공은 이 모든 상황이 자신을 위로하고 마치 축복하는 것처럼 느껴진다고 말하였
다. 주인공은 여전히 울고 있었지만 이 모든 상황을 통찰하고 받아들이고 있었다.

토론

1. DO 과정을 역할 수행하기(role taking)의 관점으로 설명한다.

2. UNDO 과정을 역할 연기하기(role playing)의 관점으로 설명한다.

3. REDO 과정을 역할 창조하기(role creating)의 관점으로 설명한다.

4. 한 장면 드라마의 장·단점을 열거하고 그 적용에 대해 토론한다.

8장 ──── 사이코드라마에서
다루는 주요 주제

Psychodrama

사이코드라마는 많은 이야기를 다룬다. 만남과 이별, 사랑과 미움, 의존과 독립, 선택과 포기와 같은 다양한 심리적 이슈를 감정의 흐름을 따라가면서 이야기의 구조를 만든다. 부모님과 가족에게 받고 싶었던 사랑, 선생님과 상사에게서 받고 싶었던 인정, 친구와의 우정과 소중한 사람에 대한 그리움, 믿었던 연인에게 받은 상처에 대한 분노와 홀로된 외로움, 그리고 해결되지 않은 원망과 슬픔의 감정을 안전하게 표현할 수 있는 장(場)을 만들고, 해결을 위한 토대를 만들어 간다.

또한 사이코드라마는 다양한 만남을 만들어 낸다. 자녀와 부모의 만남, 보고 싶은 친구와 그리운 사람들과의 만남, 죽음으로 더 이상 만날 수 없는 소중한 사람들과의 만남, 두렵고 무서워서 대면하기 어려웠던 갈등의 대상과 내 마음의 진실과의 만남을 이끌어 낸다. 저자는 그동안 사이코드라마의 무대에서 다양한 사연의 주인공들을 만나 왔다. 그들의 다양한 사연 속에서 빈번하게 나타났던 핵심 감정은 사랑과 인정, 분노, 애도, 트라우마 등 이었다. 이제 그 감정을 토대로 진행된 사이코드라마를 소개하고자 한다.

1. 사랑과 인정

사람들은 누군가로부터 사랑받기 원하고 자신의 존재 가치에 대해 인정 (recognition)받고 싶어 한다. 부모, 선생님, 친구, 직장 동료와 상사, 연인, 대중으로부터 사랑과 인정을 원한다. 사랑과 인정은 인간의 사회적 욕구 중 가장 기본이 되는 욕구이며, 우정, 친밀함과 보살핌, 수용과 허용, 신뢰와 배려의 토대가 되는 관계적 욕구이다. 인간의 인격 발달에 중요하게 영향을 미치는 사랑과 인정의 욕구는 유아기 시절의 양육자와의 강한 정서적 유대감을 비롯하여 부모의 양육 형태와 태도, 상호작용 방식 등의 영향을 받아 안정적인 애착 형성으로 발달하게 된다.

인간은 일생을 통해 타인과 관계를 형성해 나가야 하므로 이러한 안정적인 애착 형성은 인간관계의 중요한 토대가 되고, 어려서 부모로부터 충분한 사랑과 신뢰를 경험하였느냐 그렇지 못했느냐 하는 것은 그 사람의 인격 형성에 중대한 영향을 미치게 된다. 따뜻한 사랑과 신뢰를 경험하며 자란 사람은 타인에게도 신뢰감을 가지며 사랑을 나눌 줄 알게 되지만, 사랑과 신뢰감 경험이 충분하지 않았던 경우에는 사랑하고 사랑받는 과정에서 타인에 대한 불신으로 갈등이 유발되고 안정적인 관계를 맺기 어려워진다.

그러나 인간에게는 사랑과 인정에 대한 상실감을 회복하고, 적절하고 타당한 관계적 욕구를 발달시켜 나갈 수 있는 회복탄력성이 존재한다. 그래서 대부분의 사람들이 스스로 상처를 회복하고 자신을 성장시켜 나가지만, 일부 사람들은 결핍된 사랑에 고통받으며 스스로 자존감에 손상을 입히고, 타인에게 과하게 의존하거나 거부당할 것에 대한 두려움을 가지게 된다. 이러한 심리적 태도는 사랑 그 자체보다는 안전에 대한 심리적 불안감을 해소하는 데 더 집중하게 되는 신경증적 애정 욕구로 발전하게 된다. 애정에 대한 심리적 불안감은 한 개인의 인식의 틀에 보다 강력하게 영향을 미쳐서 사소한 비난에도 자신을 가치 없게 여기거나 부탁을 강요로 인식하고 건전한 통찰과 조언에도 자신을 사랑하지 않기 때문이라는 비합리적이고 편협한 인식을 가지게 된다.

저자는 지난 수년간 사이코드라마 무대에서 부모님의 어긋난 사랑이나 인정의 방식에 상처받은 주인공들을 만나 왔다. 그들 중 다수는 20대 초기 성인기의 주인공들이었고, 인정과 지지에 대한 지나친 갈망은 그들의 독립과 성장의 걸림돌이 되고 있었다. 20대는 청소년에서 성인으로 분리와 독립을 발달 과제로 삼는 시기이기에 안정적인 애착 형성과 친밀한 관계 형성에 어려움이 있는 사람들은 여러 가지의 심리적인 문제로 고통을 받게 된다.

사이코드라마는 이러한 충족되지 못한 인정과 애정의 근원적인 원인을 탐색하고, 그 원인에 다가가 부모와의 관계를 재설정 또는 복원하는 데 매우 유익한 도구이다. 주인공은 역할연기를 통해 그동안 표현하지 못하고 억압해 오던 감정을 표현하면서 내면의 감정과 조우하게 되고, 자기 성장의 걸림돌로 작용하던 갈등의 근원과 만나게 된다. 이와 같은 사이코드라마의 참만남은 궁극적으로 주인공의 가족관계를 복원시켜 주고 그들의 낮은 자존감과 타인에게 의존하던 삶에서 벗어나도록 도와준다.

〈사례 12〉는 부모님의 사랑과 인정을 소망하는 20대 여성 주인공의 사이코드라마를 소개하고 있다.

사례 12

사랑과 인정 1

초롱초롱한 눈빛과 낭랑한 목소리를 가진 20대 후반의 여성 주인공은 부모님의 인정을 받고 싶은 강력한 열망으로 극에 참여하게 되었다. 극의 시작은 빈 의자에 엄마가 앉아 있다고 생각하면서 주인공이 이야기를 하는 빈 의자 기법으로 시작되었다.

...

"엄마, 난 엄마를 생각하면 마음이 공허해져서 아무것도 할 수가 없어요. 나도 아이들을 가르치는 선생님인데, 한 번씩은 내가 어린애가 된 것 같은 생각이 들고……. 그럴 때는 내가 선생을 할 자격이 있나 하는 생각까지 들어요. 어릴 때를 생각하면 자꾸 눈물이 나요. 사람들이 하는 말이 틀린 말도 아니고, 심한 말이 아닌 때에도 나만 비난하는 것 같고 자꾸 눈치가 보이고 자신감이 떨어져요."

...

"엄마, 기억나요? 나, 초등학교 때 소풍갈 때 엄마가 김밥 안 싸 준 거? 내가 괜찮다고 말은 했지만 엄마가 진짜로 안 싸 줄 거라고는 생각 못했어요. 그리고 저 졸업할 때까지 한 번도 김밥 안 싸 준 거 아세요? 그 밥, 내가 집에 와서 먹은 것도 모르시죠? 친구들이 알까 봐 도시락도 꽁꽁 숨기고 배가 아파서 못 먹는다며 거짓말했을 때, 내가 얼마나 슬펐는지 아세요? 저도 이해가 안 되는 건 그런 일이 있어도 저는 엄마를 한 번도 원망한 적이 없다는 거예요. 지금 생각해 보면 제가 왜 그랬나 싶기도 한데 그냥 그 모든 것이 나의 잘못인 것 같고, 내가 바보인 것 같고, 내가 부족한 것 같았어요."

…

디렉터는 엄마(보조자아)를 첫 대면 상대로 무대로 초대하며, 장면을 전환시켰다. 디렉터는 주인공에게 엄마에게 하고 싶은 말을 계속 이어 가라고 격려하였다.

"엄마, 난 속상한 게 너무 많았어요. 나는 엄마가 하라는 공부, 엄마 잔소리까지도 다 들으려고 했고, 엄마 말대로 고치려고 했어요. 중1 때 친한 친구가 공부 못한다고 놀지도 못하게 했고, 그 친구는 엄마가 무섭다고 집에 놀러 오지도 않았어요. 그리고 나는 지금 그 친구가 어디서 뭐하는지도 모르고 연락처도 없어요. 친구도 마음대로 사귀지 못하고 엄마가 하라는 대로 다했잖아요. 그런데 왜 나한테 잘한다, 예쁘다는 소리 한 번을 안 해 줬어요?" 주인공은 조용히 울기 시작하였다.

…

디렉터는 주인공이 원하는 공간으로 장면을 이동하였다. 자기 방에서 홀로 울고 있는 주인공이 자신의 감정을 자연스럽게 표현할 수 있도록 주인공 방의 가구와 사물들의 역할을 연기할 보조자아를 배치하였다. 주인공은 책상에 앉아서, 또 침대에 누워서 자신의 삶을 잘 알고 있는 가구와 사물들과 이야기를 시작하였다.

(사물 보조자아) "속상했어?"

"응!"

(사물 보조자아) "엄마한테 속상한 걸 얘기했어?"

"아니……."

(사물 보조자아) "지난번에 상 받은 거랑, 매일매일 숙제 다한 것, 그런 것 얘기했어?"

"아니……."

(사물 보조자아) "왜, 얘기 안 했어?"

"얘기 할 자신이 없었어."

(사물 보조자아) "왜 자신이 없었어? 너, 정말 잘했잖아!"

"나도 몰라."

(사물 보조자아) "엄마가 네가 얼마나 열심히 했는지, 또 잘하는지 인정을 안 해 주신다고 생각하는구나!"

"엄마는 한 번도 나를 인정해 준 적이 없어, 나는 엄마 앞에 가면 다 못난 것처럼 느껴져, 뭐 빠뜨린 것 없나 이런 생각만 들었어. 내가 성적이 좋아도 당연한 것이고, 노력하는 것도 당연한 것이고, 내가 하는 건 다 당연한 것이라고 생각하시는 것 같아!"

(사물 보조자아) "그래서 억울했구나?"

"맞아, 억울했어!"

(사물 보조자아) "우린 네가 노력하는 걸 다 봤는데……."

"그래서 슬펐어. 엄마는 왜 몰라 줄까 생각하면 눈물이 났어."

사물들과 대화를 이어 가며 주인공의 감정은 구체적이 되어 갔다.

…

주인공은 다시 엄마와 마주 보았다. 디렉터는 주인공에게 좀 더 솔직하게 자신의 마음을 이야기해 볼 것을 격려하였다.

"엄마, 내가 얼마나 외로웠는지 알아?"

디렉터는 가구와 사물들을 주인공의 뒤에 서게 하고, 주인공의 이중자아(double)가 되어서 주인공이 표현하기 어려워하는 감정들을 함께 표현해 주도록 하였다.

(사물 보조자아 1) "엄마, 나는 너무 외로워!"
(사물 보조자아 2) "엄마, 나는 슬프고, 자신감도 없어!"

주인공은 아무런 대답이 없는 엄마를 향해 사정하듯 힘없이 말했다.
"엄마, 나 너무 힘들어!"

...

디렉터는 보조자아들에게 주인공의 마음이 깊이 울리도록 큰 소리로 외쳐 달라고 주문하였고, 주인공에게는 보조자아들의 말에 공감이 될 때 따라 외치도록 요청하였다. 주인공은 처음에는 어색해 했지만 점차 내면의 마음을 표현하기 시작하였다.

(사물 보조자아 1) "나는 엄마가 열심히 사는 나를 칭찬해 주기를 바랐어!"
(사물 보조자아 2) "엄마는 내가 싫어?"

주인공은 억눌려져 있던 울음이 터지면서 엄마에게 말했다.
"엄마는 내가 싫어?"

...

디렉터는 엄마에게 진심을 담아서 딸에게 말해 줄 것을 요청하였다. 엄마는 자신이 부족하고 미숙한 엄마였음을 딸에게 고백하였다. 엄격하게 해야 계속 네가 잘할 것 같은 착각 속에 있었고, 싫어하기는커녕 너를 너무 사랑하고, 엄마에게 너는 너무나 자랑스러운 딸이라고 말해 주었다. 그리고 네가 그렇게 힘들어 하는 줄 알았으면 진작 내 마음을 보여 주었을 것이라고 말하였다. 그리고 주인공의 손을 잡고 용서를 구하였다.
주인공은 그런 엄마를 받아들였다. 그토록 매몰찼던 엄마가 진심으로 마음을 열고 주인공을 대했을 때 주인공의 마음은 녹아내리기 시작하였다. 엄마와 주인공은 눈물을 흘리며 포옹하고, 무대는 막을 내렸다.

주인공은 엄마로부터 사랑받고 싶고 인정받고 싶었던 자신의 속마음을 있는 그대로 내보이며 자신이 정말로 원하는 것이 무엇인지를 자각하게 되었고, 억압되어 있던 감정이 터져 나오는 강렬함을 경험하였다. 또한 자신이 간절히 바라왔던 대로 자신을 인정해 주는 엄마와 마음을 열고 대화하면서 엄마 앞에서 늘 위축되었던 억압의 족쇄에서 풀려나는 심리적 자유를 경험하였다.

비록 가구를 통해 인정과 애정을 받았다고 할지라도 가구와 대화를 이어 가는 동안에 주인공은 자신의 구체적인 감정에 다가갈 수 있는 용기를 얻게 되었다. 이처럼 사이코드라마는 심리적 현실에서 소망을 이루어 주는 효과가 있으며, 상처 입은 감정에 대한 집착에서 벗어나서 통합적 관점으로 나아가도록 이끌어 준다.

다음은 회사 동료들 사이에서 어디에도 끼지 못하고 의사소통이 어려운 20대 여성의 사례로, 직장 동료들과 관계 회복의 실마리를 찾고자 사이코드라마를 찾은 사례이다.

사례 13

사랑과 인정 2

디렉터는 회사 동료들을 양편으로 나누어 세우고, 주인공을 동료들 사이에 홀로 서 있도록 하였다. 주인공의 고립감과 외로움이 주인공 자신과 관객들에게 전달되는 순간이다. 디렉터가 주인공에게 이와 유사한 상황이 과거에도 있었는지를 물어보았을 때, 주인공은 어린 시절의 가족 상황을 이야기하였다.

…

늘 싸우시던 부모님, 그 사이에서 외동딸이었던 주인공은 엄마의 편도, 아빠의 편도 들 수가 없었다. 무서운 아빠와 연약한 엄마 사이에서 주인공은 자신의 두려운 감정보다 엄마를 보살피고 엄마를 위해서 어떤 노력이라도 해야 한다고 생각하면서 엄마의 얘기를 들어 주고 위로해 주는 역할을 자처해 왔다.

…

겨우 여섯 살이었던 주인공은 자신의 힘든 감정을 표현하는 것은 매우 어색하였지만 논리적인 표현에 더 익숙한 독립적인 아이로 자라났다. 디렉터는 이중자아의 도움을 받아 주인공의 마음을 엄마에게 전달하는 것으로 극을 시작하였다.

…

디렉터는 주인공과 이중자아에게 빈 의자에 엄마가 앉아 있다고 상상하며 하고 싶은 말을 하도록 요청하였다.

(이중자아 1) "엄마, 나는 요즘 많이 힘들어요."
(이중자아 2) "엄마, 나는 회사에서 왕따가 된 것 같아요."

디렉터는 주인공에게도 공감되는 표현이 있으면 따라할 것을 요청하였지만, 주인공은

'엄마'를 부르고 나서 더 이상 말을 잇지 못했다.

…

디렉터는 장면을 전환시켰다. 엄마에게 충분한 관심과 사랑을 받는 가상의 잉여현실을 설정하고, 딸을 사랑하는 엄마가 적극적으로 품에 안아 주도록 하였다. 디렉터는 주인공에게 엄마에게 하고 싶은 말을 언어적으로 표현하도록 격려하였다.

(이중자아 1) "엄마, 나는 늘 이렇게 엄마가 안아 주면 좋겠다고 생각했어요."
(이중자아 2) "엄마, 나는 누군가 나를 위로해 주는 사람이 있었으면 좋겠다고 생각했어요."

주인공은 조용히 흐느끼고 있었다.

(이중자아 1) "엄마, 나는 세상에서 엄마가 가장 소중했어요."
(이중자아 2) "엄마가 나를 떠날까 봐 무서웠어요."

주인공은 소리 내어 울었고, 디렉터가 주인공에게 자신의 마음을 표현해 보도록 격려하자 주인공은 "엄마에게 내가 소중한 사람인지 너무 알고 싶었어요"라고 말하였다.

…

(이중자아 1) "나는 하고 싶은 말이 있어도 꾹 참았어요."
(이중자아 2) "엄마도, 누구도 나를 사랑하지 않을 것 같아서 너무 무서웠어요."

주인공은 이중자아의 표현에 자연스럽게 녹아들어 자신의 마음을 표현하기 시작하였다.

"엄마, 나는 어렸을 때도 그리고 지금도 매일 혼자였어요."

이성적인 표현에만 익숙하고 자신의 감정을 잘 표현하지 못하던 사람이 억압된 감정을 표현하는 일은 위기감이 들 정도의 두려움을 동반한다. 이성적인 사고와 태도만이 자신을 지켜낼 수 있을 것이고, 감정을 표현하는 일은 위험하고 바람직하지 않다는 비합리적인 신념에 몰두하여 피상적인 사고에만 집중해 온 결과이다. 이러한 패턴은 근원적인 감정과 욕구에 더 다가가지 못하도록 하고 오히려 근원적인 감정을 억압시킨다. 또한 억압된 감정은 강력한 불안을 유발하고 부적응의 문제를 야기시킨다.

〈사례 13〉의 주인공도 근원적인 감정이나 욕구에 다가가지 못해 더 억압되고 고통받는 상황이었다. 이러한 주인공의 마음을 해방시켜 주기 위해서는 자아의 근본적인 욕구들을 먼저 만족시켜 줌으로써 인식의 전환을 가져와야 한다. 자아의 욕구를 들어주고 봐 주고 존중해 주는 과정 하나하나가 근본적인 자아의 욕구를 충족시켜 주는 의미 있는 과정이 된다(Miller, 1990). 주인공의 욕구를 기반으로 설정된 엄마의 포옹과 따뜻한 접촉이 있는 잉여현실 상황에서도 주인공은 자신의 감정을 표현하기보다는 자신의 생각을 표현하는 데 그쳤지만, 디렉터는 주인공이 두려움 없이 그 감정에 다가갈 수 있도록 주인공의 마음을 들어 주고 존중해 주는 것에 초점을 두었다. Miller(1990)가 주장한 대로 주인공의 욕구를 충족시키는 과정을 통해 억압된 욕구에서 벗어날 수 있기 때문이다. 만약 충분한 감정 표현이 원활하지 않은 주인공이라면 주인공이 확신으로 느낄 때까지 여러 번 장면을 반복해 나가면서 주인공의 신뢰감을 회복시키고 내면의 자기를 만날 준비를 시켜 나가야 한다.

2. 분노

인간이 표현할 수 있는 다양한 감정 중에서 분노(anger)만큼 스펙트럼이 폭넓은 감정도 찾아보기 어렵다. 분노의 표현은 문화적 영향을 아주 많이 받는다. 우리나라처럼 유교(儒敎)사상이 관습적으로 많이 남아 있는 국가에서는 분노를 표현하는 것이 마치 '잘못된 일을 하는 것' 혹은 '인격적으로 문제를 가진 사람'으로 인식되는 경우가 많다. 우리는 화를 내기보다는 화를 참는 것을 미덕으로 배웠고, 솔직한 감정 표현보다는 체면을 더 중시하는 환경에서 성장하며 분노를 억압하는 것에 더 익숙해졌다.

이와 같이 감정 표현이 자유롭지 못한 환경에서는 억압하던 부정적인 감정들이 한꺼번에 터지거나 병적인 문제로 진행될 수 있다. 한중일을 비롯한 동양권의 문화에서만 특이하게 '홧병'으로 진료실을 찾는 사람들을 보게 되는 것도 병적인 억압의 한 예로, 분노의 감정이 적절하게 표현되지 못할 때 축적된 내면의 스트레스로 인해 육체적·정신적 질환으로 진행되는 것이다.

'분노'는 사이코드라마 무대에서도 자주 등장하는 대표적인 감정 중 하나이다. 사람들은 다양한 상황에서 분노를 느낀다. 부모님께 관심을 받지 못하거나, 선생님께 인정받지 못할 때, 배려 받지 못하거나 믿었던 친구에게 자신의 치부가 이용된다고 느낄 때, 부당한 대우를 받거나, 스스로를 옹호하지 못해 억울한 상황에 놓였을 때 배신과 분노의 감정을 느끼게 된다. 어떤 사람들은 이러한 감정을 당연하듯이 받아들이며 참거나 오히려 자신의 부족함이 문제라고 자책하기도 한다. 또 오랜 기간 동안 자신의 감정을 억누르고 살아와서 자신이 분노하고 있다는 사실조차 인지하지 못하고 우울감과 무력감에 사로잡혀 살다가 심각한 상황에 이르러서야 자신의 분노를 깨닫는 사람들도 많다.

분노 반응은 욕구 충족이 연기되거나 좌절될 때에도 나타날 수 있는 반응으로, 어떤 사람들은 불안이나 두려움으로 분노를 표현하고 분노가 자신으로 향할 때는 '자살'로 표현되기도 한다. 따라서 디렉터는 분노가 욕구의 좌절인지, 두려움의 표현인지를 구분해야 하고, 욕구의 좌절이라면 이 욕구가 일어난 경험을 시작으로 주인공의 근원적인 욕망을 탐색해 봐야 한다. 만약 분노의 원인이 두려움이었다면 분노가 유발되는 상황에서 주인공이 수용하기 어려운 심리적 욕구와 좌절감에 초점을 맞추고 충분한 공감 반응을 보여 줄 필요가 있다.

부정적인 감정들이 마음 안(in)에서 신체 밖(out)으로 표출될 때, 억압(repressed)되었던 감정들이 솟구쳐 올라오는 것에 대해서 주인공은 낯설고 불편한 느낌을 가지며, 이전의 행동 패턴으로 되돌아가려는 시도를 하게 된다. 예를 들면, 울음을 삼켜 버리는 행동이나 감정적인 호소를 하다가도 순식간에 감정을 억압하고 논리적인 대화로 바꾸어 버리는 것과 같은 행동들이 이에 해당된다. 오랫동안 감정을 억압해 온 사람들의 경우, 감정 표현 자체가 오히려 불안을 더 가중시키기 때문에 과거에 반복해 왔던 익숙한 패턴과 행동을 무대 위에서도 보여 주려고 한다. 사이코드라마는 이러한 부정적인 감정들의 배출구로서의 역할뿐만 아니라 부정적인 감정을 적절하게 느끼고 표현하며, 그 표현 방법을 익힐 수 있도록 학습시키는 과정을 모두 다룬다. 따라서 디렉터는 능동적인 대처를 통해 주인공에게 필요한 표현의 출구를 주인공의 특성에 맞게 만들어 가야 한다.

극도로 억압된 분노를 가진 〈사례 14〉의 주인공은 어려서부터 어머니의 관심과 사랑을 받지 못했고, 그 절망과 분노가 현재의 삶에도 지대한 영향을 미치고 있었다. 주인공은 스스로 문제를 해결하고자 하는 강한 의지를 가졌지만 노력을 하면 할수록 내면의 분노가 자신을 더 힘들게 한다고 느끼고 있었다.

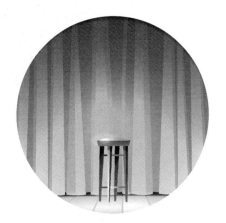

사례 14

분노 1

주인공은 엄마 역할을 하는 보조자아 앞에 서서 얌전히 손을 모은 채로, 마치 밀랍인형과 같은 자세로 엄마를 바라보며 나지막한 목소리로 말하였다.

"엄마는 늘 나에게 관심이 없었어……."

주인공의 목소리 톤과 얼굴 표정, 태도에서 엄마를 향한 분노가 주인공의 마음속에 꽉 차 있는 것이 디렉터에게 그리고 함께한 관객들에게 느껴졌다. 주인공은 자신의 감정을 억누르면서 작고 차가운 목소리와 굳은 얼굴로 엄마에게 이야기하였다.

"엄마에게 나는 뭐야?"

"엄마는 내가 죽어도 아무 관심 없었을 거야!"

디렉터는 주인공의 이중자아(double)가 주인공 옆에서 주인공을 지지하도록 하였고, 분신에게 주인공의 말을 따라 하도록 지시하였다. 이는 주인공이 자신의 말을 에코(echo)처럼 듣도록 함으로써 자신의 감정을 확인시켜 주고, 스스로 감정을 일깨우는 기법이다.

"엄마도 살기 힘들고, 나까지 신경 쓸 틈 없었다는 걸 나도 알아!"

(이중자아) "엄마도 살기 힘들고, 나까지 신경 쓸 틈 없었다는 걸 나도 알아!"

…

디렉터는 주인공의 말을 좀 더 강조하고 확장시켜 나가기 위해 직접 분신이 되는 디렉터 더블 기법을 적용하였다. 이러한 구성은 매우 강력한 사이코드라마의 감정 강화 효과를 이끌어 낸다.

주인공은 엄마에게 망설이며 힘없는 음성으로 말했다.

"엄마는 내게 관심을 주지 않았어……."

이를 '증폭'하여 이중자아가 말했다.

"엄마는 내게 사랑을 주지 않았어!"

디렉터가 단호하고 큰 목소리로 말했다.

"한 번도 사랑한다고 말해 주지 않았어!"

디렉터가 한 번 더 힘주어 말했다.

"엄마가 미워! 너무 미워!"

디렉터는 주인공 내면의 소리를 대신 전달해 주었고, 만약 디렉터의 메시지에 공감이 된다면 디렉터를 따라서 직접 말해 볼 것을 주인공에게 요청하였다. 주인공은 들릴 듯 말 듯 한 목소리로 마치 애원하듯이 엄마에게 말했다. "엄…마, 미워요……." 주인공은 이 한 마디를 내뱉고는 쓰러질 정도로 오열하기 시작하였다.

...

디렉터는 주인공에게 떠오르는 생각과 감정을 입 밖으로 내뱉어 보도록 용기를 주었다.

"엄마가 나를 조금이라도 걱정하고 사랑했으면 내 입장을 좀 생각했어야 하잖아요. 어릴 때 동생들은 많고, 엄마는 바쁘고… 나는 초등학교 2학년 때부터 밥하고 빨래하고, 밥 안 해 놓았다고 엄마한테 두들겨 맞았을 때 내가 얼마나 서러웠는지 몰라. 그래도 내가 엄마를 도와야지 했다고요. 내가 이 정도로 바르게 큰 것은 그래도 엄마 덕이겠거니 하고 살았단 말이에요. 어릴 때에도 칭찬은 안 해 주고, 매일 혼내고 해야 할 일만 얘기해 주고… 난 엄마한테 도대체 뭐예요? 지금까지도 매일 마음이 우울해요. 매일 죽을 것 같고, 매일 화가 나고, 분해 죽을 것 같단 말이에요."

...

디렉터와 이중자아는 주인공과 함께 엄마를 마주하였다. 주인공은 이미 오십을 넘긴 나이임에도 불구하고 엄마 앞에서는 상처받은 어린 아이였고, 주인공의 내면의 아이(inner child)가 울고 있었다. 주인공은 자신이 사랑받을 자격이 없는 것이 아니라, 엄마에게 사랑받지 못한 자신이 사랑받지 못할 사람으로 낙인찍힌 것 같은 불합리한 자신의 생각에 고통을 받고 있고, 그 생각에서 헤어 나오지 못하는 자신에게 절망하고 있었다. 주인공의 마음을 표현하기 위하여 디렉터와 이중자아가 함께 힘을 모았다.

"초등학교 5학년 때, 친구랑 싸웠다고 엄마가 친구들 앞에서 내 뺨을 때렸잖아! 내가 잘못한 것도 아닌데! 친구 엄마 말만 듣고 친구들이 보는 앞에서 날 때렸잖아!"

(이중자아) "엄마에게 나는 뭔데!"

(디렉터 더블) "그게 엄마야?"

주인공에게 위협이 되지 않는 수준으로 억압되어 있던 감정을 표현할 만한 안전한 환경을 만들고, 표현 수준을 단계적으로 높여 간 끝에 주인공은 자신의 분노 감정을 엄마에게 직접적으로 이야기할 수 있었다. 제시된 사례는 그 단계들의 일부에 해당하는데, 단계가 충분히 반복되었을 때 주인공은 엄마와의 화해 장면으로 나아갈 수 있었다.

감정 표현을 최대화하지 않는다면 엄마의 사랑을 확인하고 수용하는 과정은 일어나기 어렵다. 또한 화해가 진행된다고 하더라도 충분한 감정 표현이 없었다면 주인공의 마음속에 만족감보다는 공허감과 답답함만 남게 된다. 분노와 같은 부정적인 감정을 해소하게 될 때, 주인공이 내면에서 간절히 원하는 1차 감정(primary emotion)인 사랑을 보다 빠르고 명확하게 받아들이게 된다. 이것이 사이코드라마의 역동성이다.

분노를 포함한 부정적인 감정들의 표현은 늘 어렵고 제약이 많다. 그러나 충분히 안전한 환경을 제공한 후에 이 공간에서 함께하는 디렉터, 보조자아, 그리고 관객들이 주인공의 이야기에 경청하고 공감할 때 놀라운 변화가 일어난다. 이는 주인공에게만 국한된 것이 아닌 관객들에게도 주어지는 선물이 된다.

또 다른 분노 사례의 주인공 역시 앞서 다룬 분노 사례와 마찬가지로 감정을 강하게 억압한 사례이다. 주인공은 억울하고 화가 나는 상황이었지만 침착한 말과 태도를 유지하고 있었다. 주인공으로 무대에 오른 뒤에도 주인공은 차분해지려고 온 힘을 다하는 상태였으나 주인공의 얼굴 표정과 굳어진 자세는 주인공의 긴장 상태를 짐작할 수 있을 정도였다. 주인공은 분노의 대상을 향해 매우 차분한 말투로 대화를 이어 갔다. 앞선 사례에서는 디렉터 더블의 방법을 사용했는데, 이번 사례는 좀 더 행위 중심의 기법들로 진행되었다.

　납득할 수 없는 이유로 트집을 잡는 직장 상사로부터 모욕과 푸대접을 수년간 받아 온 30대 남성 주인공은 자신의 상황을 간신히 옹호할 정도로 자신감이 결여되어 있었다. 의사 표현도 불명확했고, 누군가에게 자신을 주장하거나 설득할 만한 일은 꿈도 못 꿀 일이었다.

분노 2

디렉터는 위축되어 있는 주인공에게 의자 위로 올라가서 역할연기를 할 것을 제안하였고, 주인공은 의자 위로 올라가 '높은 위치'에서 의자 아래에 있는 직장 상사를 내려다볼 수 있게 되었다.

"당신이 더 높아졌습니다. 이제 당신 마음대로 이야기하세요!"라고 디렉터는 힘 있고 자신감이 넘치는 목소리로 지시하였다. 디렉터는 우리는 모두 당신 편이니 아무 걱정하지 말고 하고 싶은 말은 무엇이든 해도 좋다고 힘 있게 강조하였다. 잠시 동안 망설이던 주인공이 말하기 시작하였다.

…

"너 때문에 내가 얼마나 힘들었는지 알아?"

"야! 네가 그러고도 사람이야?"

앞서 기어들어 가던 주인공의 목소리는 흡사 호통을 치는 상사의 톤으로 바뀌었다. 의자에 올라가서 아래에서 자신을 올려다보고 있는 상사를 대하다 보면 자연스레 목소리에 힘이 들어가고 주눅 들었던 얼굴 표정에 자신감이 생겨나기 시작한다. 높은 의자 기법은 심리적인 위치를 상징적으로 수정하여 주인공 스스로 자신의 감정을 깨달을 수 있을 만한 심리적 여유와 자신감을 가질 수 있도록 도와준다.

…

디렉터는 주인공을 의자에서 내려오도록 한 후에 직장 상사와 마주 서도록 하였다. 주인공의 옆에는 이중자아가 서 있고, 주인공에게 어떤 말도 하지 말고 이중자아가 말하는 것을 듣기만 할 것을 요청하였다.

(이중자아) "내가 잘못하지도 않았는데 나한테 화를 내는 이유가 뭐야? 왜 나를 무시하

는 건데!"

...

디렉터는 상사 역할을 하는 보조자아에게 거칠게 행동하며 주인공의 앞에 서 있으라고 지시하고, 주인공에게는 계속 이야기를 이어 가도록 지시하였다. 주인공의 옆에는 이중자아가 계속 서 있도록 하였다. 주인공은 순간 입을 꾹 다물고 참아 내는 듯한 숨소리를 내더니 호흡 때문에 말이 중간 중간 끊어지기는 했지만 큰 소리로 명료하게 말하기 시작하였다.

"마감 기한 놓쳐서 난리 났을 때… 그때 나한테 소리 지르고… 기억나죠? 저는 그때 다른 업무를 하고 있었고, 그것도 당신이 나한테 넘겨 준 일이었는데… 나는 맡겨진 일을 정말 최선을 다해서 끝냈어요. 그런데 왜 매번 무슨 일이 생기면 나한테 소리를 지르고, 다른 직원들한테 말할 때에도 나를 쳐다보고 소리를 지르고… 왜 나를 잘못한 사람 취급하는데요? 내가 뭘 잘못 했냐고요!"

(이중자아) "내가 뭘 잘못했어요? 말해 봐요!"

...

디렉터는 주인공과 상사가 함께 근무하는 사무실로 장면을 전환시켰다. 주인공은 이중자아와 함께 상사의 책상 앞에 서 있다. 상사는 의자에 앉은 채로 주인공을 올려다보는 위치에 있다. 주인공은 자신이 업무를 제 시간에 끝냈고, 자신이 한 일에 문제가 있다면 얘기를 해 보라고 당당하게 말하였다.

자신의 감정을 제대로 표현하지 못하고 자기 탓만 하면서 무력감에 빠졌던 주인공은 억압해 왔던 자신의 분노를 서서히 드러냈다. 만약 이 상황에서도 주인공이 만족할 만한 감정 표현을 못하고 있었다면 좀 더 극적인 사이코드라마의 잉여현실 장면을 추가할 필요가 있다. 예를 들어, 상사가 회사 사장을 만나게 되었는데 사장은 주인공의 편이 되어서 상사를 질책하고 야단치는 것과 같은 잉여현실 상황 속으로 초대하는 것이다. 디렉터는 주인공에게 사장과 역할을 바꾸도록 하고, 사장이 된 주인공이 부하 직원인 직장 상사를 꾸짖을 수 있도록 하는 것이다. 이 기법은 자책감이 많고 타인을 많이 의식하는 초자아(superego)를 지닌 주인공의 심리적 부담감을 줄여 주고, '속이 시원해지도록' 타인을 책망하고 분노를 표현할 수 있게 해 준다. 이것은 마치 우리 민속 '탈춤'의 한 장면처럼, 탈(역할)을 쓰고 마음껏 양반을 비웃는 그 해학과 같은 이치이다. 현실을 바꿀 수는 없지만 현실의 고통에 매몰되는 것이 아니라 현실을 객관적으로 바라보고 자신을 보호할 수 있는 내적 힘을 키워 가는 것이다.

사이코드라마의 놀이적이며 연극적인 특성이 이러한 자아의 역기능적 태도를 자연스럽게 인식하고 수정할 수 있는 기회를 제공해 준다. 사이코드라마는 역할놀이를 통하여 낯선 역할이나 위치를 경험하고, 새로운 가능성을 탐색해 나가도록 기회와 가능성을 제공해 줄 수 있다.

3. 애도

자신의 현 상태에 대한 솔직한 반응인 감정을 다양하게 경험하고, 적절하게 표현하는 것은 한 개인의 건강한 삶의 유지에 중요한 요소이다. 그럼에도 불구하고 감정을 적절하게 표현하지 못하고 억제하는 것은 자신의 상황을 회피하고자 그 감정을 부정하는 것이다. 억제한다고 해도 그 감정은 사라지지 않고 내재화되며, 애도(mourning) 감정의 지연이나 부정은 우울증과 현실에 대한 부적응을 야기한다.

사이코드라마 주인공들에게서 자주 나타나는 세 번째 주제가 바로 이 애도의 감정이다. 돌아가신 분에 대한 슬픔과 그리움, 원망과 좌절, 죄책감과 같은 고통스러운 감정인 애도는 의미 있는 애정 대상(love object)을 상실(loss)한 후에 마음의 평정을 회복하는 정신 과정이다. 사랑하는 사람과의 사별(死別)이 주는 슬픔은 말할 수 없이 큰 고통이다. 특히 준비되지 않은 이별의 충격과 고통은 오랜 기간의 후유증을 남기기 때문에 애도 시기에 돌아가신 분을 잊지 못하고 죄책감 속에서 하루하루를 살며 우울감과 무기력감을 경험하게 된다.

일반적으로 사별의 애도 과정은 여러 단계로 나타난다. 첫 번째 단계는 사별 소식을 듣고 당황스러움과 공허감 등 충격을 받아 무감각해지는 단계이다. 두 번째 단계는 일어난 일을 믿지 못하고 환경으로부터 고립되는 부인과 고립 단계, 세 번째 단계는 주변 사람들에 대한 비난을 포함하는 분노 단계, 네 번째 단계는 죽음을 인정하지만 상황을 일시적으로 완화시킬 수 있는 방법을 찾는 약속 혹은 논쟁 단계로, 이 단계에서는 고통이 고조되어 절망적인 눈물에 빠지는 우울과 혼란이 나타날 수 있다. 다섯 번째 단계는 명백하게 사실을 인정하는 수용 단계이며, 여섯 번째 단계는 죽은 사람과의 진정한 이별을 고하는 분리와 결단의 단계, 마지막 단계는 회복과 새로운 관계 확립의 단계이다(Kellermann, 2008).

사이코드라마에서 만났던 주인공들은 이러한 애도의 감정이 지연되어 고통을 받고 있었다. 사이코드라마의 잉여현실은 헤어짐의 상처를 극복하지 못하는 주인공에게 못 다한 말을 할 수 있는 기회를 제공해 주어 기나긴 애도의 과정을 끝내고 현실로 돌아올 수 있는 계기를 마련해 준다.

사이코드라마 디렉터는 주인공의 지연된 애도를 촉진시키는 것에 극의 목표와 진행 방향을 정하고 돌아가신 분에게 느끼는 죄책감, 분노감 등을 무대 위에서 표현할 수 있도록 도와야 한다. 주인공의 신체적·심리적 컨디션은 이러한 목표 달성 여부의 주요 변수가 되기에 주인공이 지나치게 우울하거나 무기력한 것은 아닌지 디렉터는 면밀히 살펴봐야 한다. 그러나 우울한 상태라고 할지라도 사이코드라마를 통하여 자신의 고통을 해결하고자 하는 행위갈망이 있다면 사이코드라마의 주인공이 될 수 있다.

〈사례 15〉의 주인공은 수년 전에 돌아가신 아버지의 임종을 제대로 지켜보지 못했다는 죄책감으로 슬픔에서 헤어 나오지 못하고 있었다.

애도

사이코드라마는 아주 천천히 진행되었다. 주인공과의 다소 긴 인터뷰 후에 아버지와의 생전(生前) 장면의 재연(play-back)으로 본 극이 시작되었다. 만성신부전으로 주기적으로 투석하시던 아버지와 어머니의 모습이 무대 위에 그려졌다. 간병에 지친 어머니와 주인공의 통화가 이루어졌다. 주인공은 다소 짜증스러운 태도로 어머니에게 안부 전화를 하였다.

...

아버지는 중환자실로 옮겨진 지 얼마 지나지 않아 유언(遺言) 한마디를 못 남기고 임종하셨다. 주인공은 아버지의 죽음과 관련하여 죄책감과 분노감을 느끼고 있었고, 그 원망을 가족에게 돌리고 있는 상황이었다. 아버지의 간병에 관심을 가진 사람은 주인공밖에 없었고, 주인공조차도 의무적으로 연락을 주고받았을 뿐 아버지의 투병 과정에 적극적으로 보살피지 못했다는 죄책감을 느끼고 있었다.

...

장면이 시작되었다. 갑작스럽게 아버지가 쓰러지고, 아버지가 중환자실로 옮겨 가는 것을 보면서 주인공은 중환자실 앞에서 발만 동동 구르며, 절망감에 울고 있었다.

디렉터는 중환자실 앞에서 울던 장면, 아버지의 악화된 상태를 듣던 장면, 임종을 지키지도 못하고 이미 사망하신 아버지를 만나던 장면으로 나누어서 재연하도록 설정하였다. 각각의 장면에서 주인공은 주체할 수 없는 슬픔을 느끼고 있었으므로 그 모든 슬픔을 주인공이 받아들일 때까지 반복적으로 진행하였다. 이 각각의 재연 장면에서 주인공은 거의 쓰러질 정도로 많이 울었고, 마음속에 가라앉은 감정의 찌꺼기들을 토해 냈다.

...

디렉터는 주인공의 마음속에 남아 있는 죄책감을 해결하기 위하여 잉여현실 장면으로 주인공을 이끌었다. 아버지의 죽음 직전 상황으로 돌아가 중환자실에서 잠시 의식을 회복한 아버지와 주인공이 만나는 장면을 설정하였다. 잠시 의식을 회복한 아버지에게 주인공은 울먹이면서 아버지가 아픈 걸 알면서도 전화하는 것조차 귀찮을 때가 많은 나쁜 딸이었다고 고백하였다. 아버지는 너의 마음을 다 알고 있으며, 아빠가 너를 많이 사랑했고, 너는 내게 소중한 사람이라며 오히려 주인공을 위로하였다.

'애도'의 심리적 문제를 가진 주인공에게 가장 슬픈 장면의 재연을 반복하는 것은 주인공이 믿지 않고 거부해 온 사실들을 수용해 나가는 의미 있는 과정이 된다. Kellermann(2008)은 긴 애도의 과정을 가진 주인공과의 사이코드라마 작업에서 재연을 반복한 사례를 설명하면서 집단에게는 이해되지 않지만 주인공에게는 이 모든 과정이 하나의 비밀스러운 의미를 제공하는 과정이고, 이 과정을 통해 주인공은 애도의 기나긴 과정에서 벗어나기 시작한다고 하였다.

이 사례의 주인공에게도 이와 같이 재연을 반복 혹은 쪼개어 가며 구체적으로 재연한 것은 두드러지게 슬프고 후회되는 장면을 소거해 나가기 위함이었고, 재연을 통한 재경험으로 감정의 정화에 이르고자 함이었다.

아버지의 갑작스러운 죽음 앞에서 죄책감이란 부채를 짊어졌던 주인공이 잉여현실 속에서 아버지를 만나서 아버지에게 소홀했던 자신을 고백하고 사죄하고 위로받는 경험을 하였다. 이러한 잉여현실적 접근은 한 번의 경험으로도 강렬한 카타르시스를 경험하게 되고, 그간의 모든 고통을 해소시켜 준다. 설령 여전히 깊은 슬픔의 감정이 있다고 할지라도 현실의 자기로 돌아올 수 있는 충분한 전환점이 된다. 또한 주인공은 가족을 향하던 분노가 바로 자신에 대한 분노였다는 것을 깨닫게 된다.

주인공이 극에 몰입하기 시작하면 잉여현실 속 보조자아가 실제 인물이 아님에도 불구하고 주인공은 자신의 내적 세계를 투사하게 된다. 주인공의 자발성과 창조성이 극대화되는 순간이며, 이 순간은 일종의 무아지경(無我之境)의 상태가 된다. 이는 치료실에서 만나서 정신치료자(psychotherapist)에게 자신의 내면을 투사하는 전이(transference)보다 훨씬 강력하며 구체적이게 된다. 사이코드라마는 행위를 통해 인지하고 통찰하는 '몰입의 작업'이며, 정지된 애도가

다시 시작되는 격정적인 슬픔의 순간에도 사이코드라마의 무대 위에서 감당할
만한 힘을 얻는다. 주인공은 역할을 부여받고(role-taking), 역할을 수행하면서
(role-playing) 역할을 창조(role-creation)하고, 고정된 과거를 수용하고 현재를
변화시키면서 새로운 미래로 나아가게 된다.

4. 트라우마

외상 후 스트레스장애(post traumatic stress disorder)는 전쟁, 고문, 감금, 자연
재해, 사고, 강간 등 생명의 위협을 느낄 만한 사건에 노출되어 심각한 스트레
스와 공포감을 경험하고, 사건 후에도 계속적인 재경험으로 고통을 받는 것은
물론이고, 그로부터 벗어나기 위해 에너지를 소비하게 되는 질환이다. 이러한
트라우마(trauma) 사건은 공포, 무력감, 통제의 상실과 같은 잊을 수 없는 고통
을 학습하게 하여 정상적인 사회생활을 지속하기 어렵게 만든다.

우리가 일상에서 접하는 트라우마는 예상치 못한 사건들, 즉 질병, 폭행, 임
신과 출산의 실패, 배우자의 불신, 재정적 손실과 파산, 이별, 왕따 등으로 각 사
건의 스트레스 강도는 다양하더라도, 외상 후 스트레스장애의 주요한 위험 인
자가 된다. 트라우마 사건은 한 개인의 마음에 상처를 남길 뿐만 아니라 부정적
사고, 우울감, 무기력, 자존감의 손상, 대인 기피 등을 유발하여 그 사람의 정신
기능을 무력화(shut-down) 시킬 정도의 심각한 정신적 문제를 야기시킨다.

이와 같이 트라우마로 인해 좌절과 무력감에 빠진 상태를 Moreno는 자발성
의 상실 상태로 설명하며, 사이코드라마를 통해 트라우마에서 탈출하여 자발

성을 회복하고 본연의 자신으로 되돌아오도록 해야 한다고 강조하였다. 사이코드라마에서 외상 후 스트레스장애를 다룰 때는 단계적으로 그 과정을 수행하는 것이 필요하다. 먼저, 억눌린 사건을 안전한 환경 속에서 재연하고, 주인공에게 무슨 일이 일어났는지를 새롭게 이해시킨다. 무의식적 갈등에 대한 인지적인 재처리 과정을 통해 정서적 정화와 잉여현실을 통한 세계관을 확장시켜 나가고, 다음 단계로 트라우마와 관련된 대인관계 문제해결의 방법 모색과 트라우마 사건을 의미 있는 경험으로 변화시키기 위한 치료적 의례 수행의 단계로 진행한다(Kellermann, 2008). 이러한 수행 단계를 토대로 디렉터는 세 가지의 원칙을 추가적으로 유념해야 한다.

첫째, 트라우마 생존자인 주인공의 욕구를 존중하며 안전한 환경에서 드라마를 진행해야 한다. 만약 유사한 트라우마를 가진 사람들이 있어서 집단치료로 진행할 수 있다면 빠른 공감과 치료 효과를 높일 수 있기 때문에 집단의 구성을 고려해야 한다.

둘째, 숙련된 사이코드라마 디렉터에 의해서 극이 진행되도록 해야 한다. 이는 트라우마에 대한 면밀하고 정확한 판단이 필요하기 때문이며, 주인공의 심리적 상황에 맞추어 능동적이고 즉각적으로 장면을 전환하거나 트라우마 사건의 재연으로 이끌어야 하기 때문이다.

셋째, 트라우마의 해결은 주인공의 감정 내성을 확장시키는 방향으로 진행되어야 한다. 트라우마 상황에 직면한 주인공은 일순간 얼어붙고 자기조절(autoregulation) 기능이 마비되는 과각성 또는 저각성 상태로 빠져들 수 있기 때문에 주인공을 안전하게 보호함과 동시에 인지적 재경험을 통하여 핵심적인 감정에 다가갈 수 있도록 주인공의 감정 상태와 감정 내성에 디렉터는 민감하

게 반응해야 한다. 세심하게 설계된 단계적인 감정 노출의 장면 설정은 무력화
된 주인공의 자기통제력을 회복할 수 있는 기회가 되고, 이를 바탕으로 주인공
의 자발성은 확장되어 자기조절 기능의 회복과 정상화로 발전해 나가게 된다.

　〈사례 16〉의 주인공은 대학 연극제에 출품할 작품의 연출을 맡고 있었다. 주
인공은 연극제에서 가장 큰 상을 받을 것이라는 기대와 목표를 가지고 열심히
준비를 해 왔으나 공연 당일 실연 중에 중요한 소품이었던 긴 칼이 부러지고 조
명이 꺼지는 등의 상상할 수 없는 일들이 일어나면서 적절히 대처할 기회도 없
이 극은 엉망으로 끝났고, 그 순간은 주인공에게 악몽으로 남게 되었다. 그 후
주인공은 그 어떤 것도 해낼 수 없으리라는 절망감과 무력감, 그리고 무대에 대
한 공포감을 가지게 되었다.

트라우마 1

워밍업으로 진행된 액션 스펙트로그램에서 주인공은 자신의 역할 수행 능력을 30점(100점 만점)의 최저 점수로 평가하였다. 주인공은 엄격하고 가치 기준이 명확한 인상을 주는 사람이었으나 무대에 올라왔을 때, 어깨를 움크리고 눈 맞춤을 하지 못하고 주저하는 모습이 역력하였다. 주인공은 스스로를 무기력하고 무능한 사람이라고 생각하고 있었으나 마지막까지 참가하겠다는 자발적인 의지를 보였다.

...

디렉터는 빈 의자 기법으로 극을 시작하였다. 과거의 자신감 넘치고 열정적이었던 주인공과 현재의 주인공이 만나는 장면이었다. 과거의 주인공이 의자에 앉아 있다는 설정이 시작되자마자, 주인공은 당황스러운 표정이었고, 과거의 자신에게 어떤 말도 하지 못하고 입술을 깨물고 서 있기만 하였다.

다시 위치를 바꾸어 주인공은 자신감 넘치던 과거의 자신이 되어 무기력하게 의자에 앉아 있는 현재의 자신을 바라보았다. 디렉터는 주인공에게 어떤 표현이든지 하고 싶은 말을 해 보도록 격려하였다.

"왜 그렇게 살고 있어? 다시 일어서야지……. 네가 잘할 수 있는 것 중에서 뭐든지 좀 하고 살아."

조심스럽고 부드러운 목소리로 주인공은 이야기를 건넸다.

...

디렉터는 주인공에게 최근의 힘들었던 경험을 물어보았고, 주인공은 약 1년 전에 대학 연극제에 대한 에피소드를 이야기하였다. 주인공이 충분한 의지를 가지고 있었기에 과거의 연극 공연 당일을 거울 장면으로 재연하였다. 연기자들에 의해 재연이 이루어지는 동안에 주인공은 약간 떨어진 곳에서 안전하게 상황을 바라보도록 하였다.

재연 장면이 시작되고, 주인공이 연출하던 연극이 무대에 올려지고 얼마 지나지 않아 칼이 부러지고 조명이 꺼지는 돌발 상황이 무대 위에서 재연되었다. 연출가였던 주인공이 당황스러운 상황에 대해 어떠한 대처도 못하고 가만히 있는 상황이 재연되는 것을 주인공은 바라보고 있었다.

거울 장면을 바라보며 느낀 소감을 물어보았을 때 주인공은 화가 난다고 하였다. 그 화는 상황에 대한 것도 아니고, 타인에 대한 화도 아니고 그런 일로 바보가 되어 버린 자신에게 분노가 일어난다고 하였다. 반면 자신이 너무 불쌍해서 위로해 주고 싶다고 하였다. 디렉터는 어떤 말이든 자신에게 해 볼 것을 격려하였다.

주인공은 큰 숨을 몰아 내쉰 뒤, 좀 전과는 다른 차분한 말투로 말하였다.

"네가 얼마나 노력하고 열심히 준비했는지, 그리고 네가 연극을 얼마나 사랑하고 좋아하는지 내가 제일 잘 알아. 그래서 네가 더 미웠지만, 네가 그렇게 슬퍼하고 아무것도 하지 못하는 상황을 보면 너무 속상해. 지나간 과거야. 이제는 잊어 봐."

자신을 위로하는 말로 주인공은 말을 끝맺었다.

...

디렉터는 주인공이 직접 참가하는 재연 장면으로 전환하여 동일한 재연 장면을 진행하였다. 디렉터가 주인공에게 직접 연기를 해 보겠냐고 먼저 제안했을 때, 주인공은 덤덤하게 그러겠다고 하였지만 막상 재연이 시작되자 주인공의 행동은 어색하게 굳어졌고 표정은 경직되어 조금 전에 재연 장면을 바라보던 태도와는 눈에 띄게 다른 모습이 되었다.

...

디렉터는 장면을 중지시키고, 주인공에게 공연 중인 단원들을 만나서 직접 얘기해 볼 것을 요청하였다. 주인공은 울 듯한 표정으로 단원들과 마주 보았다.

"미안하다. 정말 미안하다. 내가 더 잘 챙겼어야 하는데……. 너희 고생을 한 순간에 날려 버린 걸 무엇으로 보상을 해야 할지 모르겠다. 정말 미안하다."

주인공은 연신 미안하다는 말을 반복하였고, 단원들은 그저 사고였다고 주인공을 위로하였다.

(단원 1) "무슨 소리야, 네가 제일 고생했어! 오히려 소품 담당인 내가 미안했어!"

(단원 2) "우리 모두 어찌할 수 없는 사고였어. 미안해 하지마, 네 탓이 아니야!"

(단원 3) "나는 그런 말도 안 되는 사고가 있었지만 우리가 잘했다고 생각했어, 못했다고 생각하지 않아!"

단원들의 얘기를 듣고 나서 주인공은 너무 고마워서 다 안아 주고 싶다고 말하였고, 디렉터는 그럼 안아 주면 된다고 말하자 잠시 머뭇거리던 주인공은 단원들을 한 명씩 안아 주며 소리 내어 울기 시작하였다. 단원들의 얘기에도 상관없이 "진짜 미안해"를 연신 말하였다.

...

디렉터는 주인공에게 만약 다시 그 공연 날로 돌아간다면 문제를 다르게 해결해 볼 생각이 있느냐고 질문하였다. 주인공은 그날은 너무 당황스러워하면서 뭔가 일이 잘못되어 간다는 생각에 갇혀 두려운 마음이 컸다고 말하였다.

주인공과 단원들이 극을 시작하기 전, 서로 머리를 맞대고 파이팅을 한다는 것에 착안해서 디렉터는 함께 마주보고 서도록 한 후에 단원들에게 주인공에게 하고 싶은 이야기들을 하도록 하였다.

(단원 1) "너는 언제나 최선을 다하는 사람이었어. 잘하든 못하든 우리는 최선을 다한 거야!"

(단원 2) "네가 잘못한 건 없어! 오늘 다시 한번 최선을 다해 보자!"

(단원 3) "옛날의 그 패기 넘치던 너로 돌아와!"

주인공과 단원들은 그날의 상황을 열정적으로 재연해 나갔고, 주인공은 '긴 칼이 부러졌더라도 우리의 열정을 이곳에 다 바치자!'로 연극 대사를 수정해서 진행했다. 주인공은 연극제 사건 이후 오랫동안 '연극 대사를 조금만 고쳤으면 괜찮았을 텐데.' 하고 수없이 생각해 오던 상태였고, 그 생각을 그대로 펼쳐 보였다. 누구도 예상할 수 없었던 사건 앞에서 그저 최선을 다하면 된다는 메시지가 집단 모두에게 강렬하게 전달되는 순간이었다.

…

디렉터는 주인공의 소망에 맞게 장면을 수정하여 다시 한번 재연을 시도하였다. 칼이 부러지고, 조명이 꺼지는 등 트라우마가 되었던 그날의 문제들이 제거되도록 장면을 설정하고, 주인공이 원래 준비했던 대로 연극무대가 올려지도록 하였다. 연극은 원만하게 진행되었고, 성공적으로 막을 내렸다. 주인공에게 성공적인 연극 연출의 소감을 물어보았다.

"당연히 대상 수상이지요!"

주인공의 말에 함께했던 배우들이 박수를 치면서, 주인공의 패기를 환호했다. 시상식이 이어졌고, 기대했던 대로 주인공의 팀이 대상을 받았다. 환호하는 집단 안에서 주인공은 대상을 받은 이 상황이 현실이 된 듯 크게 기뻐하였다. 주인공은 자신의 한을 푼 것 같다는 말을 덧붙였다.

…

다시 장면은 10년 후의 미래로 전환되었다. 성공한 배우로 활약 중인 주인공이 대학 시절에 연극제를 같이 준비했던 친구들을 만나는 장면이었다. 주인공과 연극부 팀원들은 반갑게 인사를 나누고, 지나간 옛 시절과 상처받았던 기억들도 추억으로 떠올리며 두런두런 이야기를 나누었다. 주인공은 친구들과 대화를 이어 가는 동안에 처음 이 무대에 섰을 때와는 확연히 달라진 여유로운 모습을 가지고 있었다. 주인공은 자신은 원래 느긋한 사람이고, 다른 사람들을 잘 배려하고 챙길 수 있고 누구와도 협력해서 일을 해낼 수 있는 사람이었던 것이 이제야 생각이 난다고 말하였다.

트라우마 사건 이후로는 자신은 능력이 없는 사람이라는 생각이 들었고, 타인들이 자신에게 요구하는 것이 얼마나 많을지, 또 자신은 그것을 해낼 수 있을지를 생각하면 두려움에 압도되어 아무것도 할 수 없었다는 것을 고백하였다.

그러나 이 장면을 연기하면서 자신이 변한 것은 아무것도 없고, 여전히 자신은 여유 있는 사람이고 주변을 잘 챙길 수 있는 사람이라는 것을 깨달았다며 안도하였다.

트라우마 사건을 다루는 사이코드라마에서 반복적인 재연은 트라우마 치료 접근법의 본질적인 부분이며, 의도적으로 기억하고 반복하고 해결해 나가는 과정을 통해 트라우마 치료의 발판을 만들어 나간다(Kellermann, 1992). 이처럼 〈사례 16〉은 반복적인 재연을 통해 불안에 사로잡힌 주인공의 관점을 개방시켜 주었고, 새로운 감각으로 상황을 바라보도록 하여 인지적 재경험에 도달하도록 이끌었다.

자신을 비난하고 싶고 위로도 해 주고 싶은 심정, 이것은 무대에 오른 주인공의 감정이었다. 무대에서 주인공의 감정을 검열 없이 모두 수용했을 때, 주인공은 스스로 감정의 혼란을 정리할 수 있었고 주인공의 관점은 더 창의적인 방향으로 개방되었다. 주인공의 감정이 극심하게 혼란스러울 때는 주인공이 안전하게 감정을 표현할 수 있도록 디렉터가 더 주도적으로 격려하고 수용해 주어야 다음 단계의 작업으로 나아갈 수 있다. 주인공의 짧지만 강렬한 감정의 전환 후에 주인공은 자신에게 위로와 격려의 말을 꺼냈다. 이것은 의도치 않은 전개였는데, 주인공은 누구보다도 자신의 좌절에 슬퍼하고 자신을 스스로 돕고 싶었던 것이다. 바로 이 순간이 Moreno가 강조한 '자발성의 상실로 좌절과 무기력을 경험하던 주인공의 자발성이 회복되는 중요한 전환점'이 되었다.

10년 뒤의 연극부 팀원들과 만나는 잉여현실의 구성 또한 주인공으로 하여금 자신의 삶을 재조명하고 희망을 강화하는 장치가 되었다. 잉여현실의 경험 후에 주인공의 얼굴은 눈에 띄게 밝아졌고, 인생의 큰 선물을 받았다고 감격해하였다. 트라우마에 갇혀 있던 주인공은 재경험과 잉여현실의 경험을 통해 자신의 삶으로 다시 돌아와 삶에 대한 자발적인 열정을 회복하기 시작하였다.

재연 과정 중에 빠르게 장면을 전환시켜 다른 단원들과 대화를 나누도록 한 것은 가상일지라도 주인공이 재경험 중에 한 번 더 트라우마를 경험할 수 있을지 모른다는 디렉터의 즉각적인 판단에 따른 것이었다.

재연이 시작되자 의욕적으로 참여하기를 원했던 주인공의 모습이 불안한 심리 상태로 변하였고, 디렉터는 정확하게 이 상황을 인지하고 지체 없이 재연을 멈추고 역할연기하는 단원들의 의견을 들어 보게 함으로써 주인공이 객관적인 관점을 잃지 않도록 하였다. 그로 인해 주인공은 자신의 두려움 속으로 도망치는 것을 멈추고 현실적인 감각을 가지고 관점을 넓혀 가는 과정으로 나아가고, 그 후에는 자신의 핵심적인 감정에 다가갈 수 있게 되었다.

디렉터는 주인공에게 '트라우마 상황으로 다시 들어간다면 어떻겠는가?'라는 질문을 던짐으로써 곧 다가올 재연을 준비시키고, 주인공의 심리 상태를 상호 점검할 기회를 가졌다. 마치 '이제 그 사건의 진실을 볼 준비가 되었습니까?'라고 주인공에게 말을 건네는 것과 같다. 재연과 같은 사이코드라마의 행위화는 두려움에 의해 보지 못하는 진실과 구체적으로 마주하도록 한다.

이 사례에서 드러난 주인공은 자신에 대해 지나치게 높은 이상, 혹은 완벽주의의 경향도 나타냈다. 과도한 죄책감, 자신을 벌하고 싶고, 트라우마 사건 당시 뭔가 일이 잘못되어 간다는 느낌에 압도되는 것과 같은 단서들이 이를 뒷받침하고 있다. 이 사례는 일회기 작업이어서 이러한 근원적인 강박을 다루지 못했으나 장기적인 트라우마 치료 과정에서는 강박적 요소를 다루는 것도 필요하다.

〈사례 17〉은 학교 학생들에게 집단폭력을 당하고 고향을 떠나 낯선 타지로 전학을 간 고등학교 2학년 여학생의 사례이다.

사례 18

트라우마 2

　집단폭력이 일어난 핵심 장면으로 들어갔지만 주인공은 합리화(rationali-zation)와 주지화(intellectualization)의 방어기제를 사용하여 자신의 아픈 감정을 철저히 차단한 채, 집단폭력을 당한 상황을 마치 남의 일을 얘기하듯이 감정이 섞이지 않은 단조로운 말투로 설명하였다. 디렉터는 고통스러운 감정에 직면하지 못하는 주인공의 고통을 염두에 두고 주인공이 억압된 감정을 떠올리고 표현할 수 있도록 격려하는 데 초점을 두었다.

…

　집단폭력을 당하는 상황이 주인공 앞에서 재연되었다. 디렉터는 거울 장면 기법을 활용하여 실제 일어난 사건을 거리를 두고 바라보게 함으로써 주인공이 안전한 상태에서 자유롭게 생각하도록 허용하였다.

　집단폭력을 당한 상황이 재연되는 동안에 주인공은 제삼자가 되어 그 상황을 바라보았다. 주인공의 표정과 행동에는 특별한 변화가 없었다. 디렉터는 주인공에게 재연 장면을 보며 떠오르는 생각이나 감정이 있다면 표현하도록 격려하자, 집단폭력 사건 이후 주인공은 만성두통을 앓고 있는 중이었다. 지금 머리가 너무 아파서 집중을 할 수 없다고 하였다.

…

　디렉터는 장면을 전환하였다. 집단폭력의 가해자들이 지나가던 어떤 학생을 괴롭히는 장면이 진행되었고, 주인공에게 거리를 두고 장면을 바라보도록 하였다.

　이중자아가 주인공의 등에 손을 올린 상태로 나지막한 목소리로 가해자들의 행동에 분노한 마음을 언어로 표현하였다. 디렉터는 주인공에게 이중자아의 말에 공감이 된다면 따라서 말을 해 보도록 격려하였다. 주인공은 끝까지 한 마디도 말하지 않았으나 첫 번째 장면보다 더 집중하고 있었다. 디렉터는 주인공에게 이중자아가 가해자를 향해 하는 말들이 공감이 안 되거나 불편했냐고 질문했고, 주인공은 그렇지 않다고 대답했다.

...

디렉터는 장면을 전환하여 여러 개의 인형 중에서 자신과 가해자 인형을 고르도록 하였다. 주인공은 먼저 가장 지저분해 보이는 회색빛 토끼인형을 자신으로 골랐다. 그리고 가해자 인형은 표범인형을 골랐다. 각각의 인형을 고른 이유를 물었을 때, 주인공은 회색빛 토끼인형이 가장 자신 같은 느낌이고, 불쌍한 이미지라고 하였다.

디렉터는 표범인형이 다른 동물인형들을 괴롭히는 장면을 설정하고, 토끼인형은 좀더 가까운 위치에서 표범인형이 하는 행동을 바라보도록 하였다. 주인공에게 어떤 식으로 의사표현하기를 요구하지 않았으나 주인공의 눈빛은 훨씬 더 도전적이고 화가 난 감정이 드러나 보였다.

...

다시 디렉터는 주인공에게 표범인형 또는 실제 주인공을 가해하였던 학생과 유사한 느낌이 드는 관객 3명을 고르도록 하였다. 주인공이 관객들을 가해자로 지목하는 행위에 대해 죄책감을 느끼지 않도록 디렉터는 관객들과 보조자아들에게 주인공을 도와 역할연기를 자원해 주기를 부탁하고, 지원자들은 손을 들고 있도록 하였다. 주인공은 손을 들고 있는 지원자들 중 3명을 선택하였는데, 손을 들고 있는 사람들을 바라보면서 주인공은 강렬한 감정을 경험하였다. 주인공은 공연 후에 소감을 이야기하는 과정에서 이 순간이 가장 감동적이었고, 처음으로 자신이 혼자가 아닌 것 같은 생각이 들었다고 하였다. 이 장면은 가해자가 아닌 일반인들이 '가해자로 낙인 찍혀도 상관없으니 당신의 고통과 함께하겠다'라는 메시지가 강력하게 드러나는 퍼포먼스였다.

...

가해학생으로 선정된 3명의 관객과 주인공, 그리고 주인공 옆에 2명의 이중자아가 마주 보고 서도록 하였다. 디렉터는 주인공과 이중자아들에게 가해학생에게 하고 싶은 말을 하도록 하였고, 가해학생을 연기하는 배우들에게 가해자를 흉내 내는 것이 아니라 당신이 정말 가해를 했다는 것을 전제로 생각하고 느끼는 바를 솔직히 표현해 달라고 하였다.

(이중자아) "너희는 재미있었는지 모르겠지만, 나는 너무나 오랜 시간 동안 힘들었어!"

(이중자아) "여러 명이 나를 때릴 때 내가 받을 상처가 얼마나 클지 너희는 상상도 못할 거야. 내가 정상적으로 살아가지 못할 정도로 나는 고통을 받았어!"

...

주인공은 그들을 용서하고 싶다고 하였다. 디렉터의 지시대로 가해학생의 역할을 하는 연기자들은 가해학생을 연기한 것이 아니라 그들 마음의 의지대로 주인공을 괴롭힌 것을 후회했고, 때리고 싶지 않았지만 다른 친구들처럼 해야 할 것 같은 마음에서 그런 행동을 한 것이라며 사과하였다. 그들의 이야기를 들으며 주인공은 빠르게 차분해졌고, 표정도 나아졌으며, 아픈 머리를 핑계로 회피하지도 않았다.

주인공은 아직 자신의 고통스러운 감정에 깊이 다가가지는 못했다. 그러나 행위화 과정을 통해 관계 안에서의 자신의 존재를 확인해 나갔고, 진정한 위로도 받았으며, 자신의 상처에 다가갈 기반을 마련하였다. 주인공의 트라우마는 강력해서 자신의 생각을 구체적으로 얘기할 정도가 되기까지는 많은 시간과 노력이 필요할 것이다.

트라우마를 다루는 사이코드라마에서는 심각한 상처를 드러내고 감싸는 작업이 우선적으로 다루어져야 한다. 주인공은 가해자인 학교 선배들에게 분노함과 동시에 죄책감도 가지고 있었기 때문에, 화해하고 싶고, 용서하고 싶은 주인공의 욕구를 디렉터는 충실히 존중하고자 하였다.

주인공은 이번 학교폭력 사건 이외에도 초등학교 시절부터 크고 작은 학교폭력에 반복적으로 시달리고 있었다. 이번 일이 터지기 전까지 주인공의 가족 중 어느 누구도 반복되어 온 폭력을 알지 못했고, 주인공은 맞벌이로 생계를 이어 가는 부모님을 더 힘들게 해 드리고 싶지 않았다. 여러 번의 폭력이 반복되면서, 주인공은 부당한 폭력에 대해서 문제를 삼고 싶지도 않았고, 그것이 문제라고 생각하지도 않게 되었다. 그저 맞고 또 잊어버리면 된다고 생각했고, 슬픔이나 분노를 느끼기보다는 억압하고 감정에 무뎌지는 것을 선택하였다. 그러는 사이에 동네 친구들에게 주인공은 '때려도 되는 아이'로 낙인 찍혔고, 주인공은 반복적인 폭력 사건의 피해자가 되었다. 그럴수록 주인공은 억압된 감정들이 올라오지 못하도록 합리화와 주지화로 자신을 설득해 왔고, 신체화(somatization) 증상으로 문제를 더 회피하게 되었다.

폭력 사건의 트라우마를 가진 주인공에게 사이코드라마를 진행할 때, 폭력의 시발점이 되는 사건을 재연해 나가는 것은 사건의 외부적인 원인을 탐색하는 데 있어서 중요하다. 이 원인의 탐색은 혼란스럽기 만한 그날의 고통스러운 감정을 통합해 나갈 수 있는 전환점이 된다. 그래서 트라우마 치료 작업에 있어서는 끔찍했던 장면의 재연조차도 의미 있고 중요해지는 것이다. 특히 공개적으로 트라우마 경험을 드러내는 것은 그 자체로 정서적 충격을 억제하려는 이전의 경향으로부터 주인공을 해방시켜 준다(Kellermann, 2008). 도무지 납득하기 어려웠던 폭력 사건에 압도되지 않고 그 사건을 바라보고 새롭게 인식하도록 해 준다.

'맞아도 되는 아이'라는 인식을 자처한 주인공이 이유 없이 때리는 장면을 객관적으로 바라보면서 '도대체 무엇이 잘못된 일인가?'라는 새로운 각성을 하게 되고, 잘못된 일의 희생에서 느끼는 분노가 '죄책감을 가질 만한 일인가?'를 깨우쳐 가는 과정이 된다. 그래서 트라우마의 인지적 재처리는 행위와 통찰이라는 두 가지의 큰 틀 안에서 이루어지는 역동적인 과정이다. 따라서 폭력 사건의 트라우마를 경험한 주인공에게 가해자와의 역할 바꾸기 기법은 피해야 할 접근 중 하나이다. McAdams와 Ochberg(1988)는 폭력의 피해자가 가해자들과 역할 바꾸기를 하는 것은 더 큰 혼란과 고통에 직면하게 된다고 하였다. 이는 가해자들에 대한 분노가 자신에게로 향해 죄의식을 더 키우게 될 수 있기 때문이다.

재연 장면을 거울 장면 기법으로 시작한 것도 주인공에게 안전한 환경을 만들어 주고, 인지적인 재경험의 기회를 마련해 주고자 하는 의도였다. 특히 표범인형이 다른 동물들을 괴롭힐 동안에 토끼인형이 좀 더 가까운 위치에서 이것을 바라보도록 한 것은 제3자적 관점, 즉 거울 장면 기법에 의거한 관점이기도 하지만 동시에 표범인형이 다른 동물들은 건드려도 정작 주인공 자신인 토끼인형은 건드리지 못한다는 보호와 안전에 대한 강력한 상징성과 사이코드라마의 무대가 주인공에게 안전을 책임지겠다는 약속의 의미가 포함되어 있다. 또한 가해학생들이 또 다른 학생들을 괴롭히는 장면에서 이중자아들이 흥분하지 않고 조용히 말하도록 한 것도 주인공의 감정 수준에 초점을 두어 주인공에게 이중자아와 거리감이 느껴지지 않도록 하기 위함이었다.

Moreno(1923)는 두 번째야말로 첫 번째의 치유 과정이라고 하였다. 두 번 다시 돌아보고 싶지 않은 트라우마 사건을 재연하는 것은 그 문제에서 해방될 수 있는 중요한 출발점이 된다. 또한 재연을 통해 주인공은 문제의 본질을 바라보게 되고 자신의 현 상황을 통찰할 수 있는 자발성을 회복하게 된다.

토론

1. 사랑과 인정 작업에서 빈 의자와 이중자아 기법의 활동과 효과에 대해서 토론한다.

2. 분노 표현에 효과적으로 사용될 수 있는 기법들을 나열하고 진행 과정을 설명한다.

3. 애도 작업에서 중점적으로 다루어야 할 감정들에 대해서 논의하고, 이를 장면화한다.

4. 트라우마 상황을 장면화할 때, 주의해야 할 사항들을 토론한다.

김광운, 박희석, 김경자, 전은희, 강명옥, 임수진 공역(2005). 심리극의 세계. 학지사.

김수동, 이우경(2004). 사이코드라마의 이론과 적용. 학지사.

김세준 역(2008). 사이코드라마와 집단치료 매뉴얼. 도서출판 비블리오드라마.

김세준, 박성규 공역(2009). 플레이백 시어터의 세계. 도서출판 비블리오드라마.

김유광, 이정숙 공역(1999). 야곱 레비 모레노. 하나의학사.

김혜남(1988). 정신치료극에서 보조자아의 역할. 임상연구논문집. 1988, 51-65.

박영숙, 송미경 공역(2004). 액션 시어터: 존재의 즉흥. 현대미학사.

박희석, 김광운, 이정희 공역(2007). 심리극으로의 초대. 시그마프레스.

송종홍 역(1998). 현대정신분석과 심리극. 백의출판사.

이근후, 임계원 공역(1988). 싸이코드라마. 하나의학사.

이정실 역(2003). 음악치료와 사이코드라마. 학지사.

이진선, 이혜옥 공역(2013). 소인격체 클리닉: 그림으로 안내하는 내면의 삶. 시그마프
　　레스.

이효원 역(2009). 연극치료 접근법의 실제. 시그마프레스.

조성희, 김광운 공역(1999). 사회극을 통한 우리들의 만남. 학지사.

최윤미 역(2005). 사이코드라마 기법. 시그마프레스.

최윤미(1996). 심리극. 중앙적성출판사.

황헌영, 김세준 공역(2005). 사이코드라마와 잉여현실. 학지사.

Anthony, E. J. (1971). The history of group psychotherapy. In H. D. Kaplan & B. J. Sadock (Eds.), *Comprehensive group psychotherapy*. Williams & Wilkins.

Anzieu, D. (1984). *The group and the unconscious*. Routledge & Kegan Paul.

Bales, R. F. (1950). *Interaction process analysis: A method for the study of small groups*. Addison-Wesley.

Berger, M. M. (1990). J. L. Moreno's autobiography: More than meets the eye. *Journal of Group Psychotherapy. Psychodrama and Sociometry, 42*, 213-221.

Berne, E. (1970). A review of gestalt therapy verbatim. *American Journal of Psychiatry, 126*(10), 164.

Bischof, L. J. (1970). *Interpreting personality theories* (2nd ed.). Harper & Row.

Bjerstedt, A. (1963). Sociometric Methods. Uppsala: Almqvist and Wiksell. B. J. Sadock (Eds.), *Comprehensive group psychotherapy* (pp. 4-31). Williams & Wilkins.

Blake, R. R., & McCanse, A. A. (1989). The rediscovery of sociometry. *Journal of Group Psychotherapy, Psychodrama and Sociometry, 41*, 148-165.

Blatner, A. (1996). Acting-in: Practical applications of psychodramatic methods. Springer Pub.

Blatner, A. (2000). *Foundations of psychodrama: History, theory, and practice*. Springer Pub.

Blatner, H. A. (1968). Comments on some commonly held reservations about psychodrama. *Group Psychotherapy, 21*(1), 20-25.

Blatner, H. A. (1973). *Acting-in: Practical applications of psychodramatic methods*. Springer.

Blatner, H. A., & Blatner, A. (1988). *Foundations of psychodrama*.

Borgatta, E. F, Bouslaw, R., & Haskell, M. R. (1975). On the work of Jacob L. Moreno. *Sociometry, 38*(1), 148-161.

Bramel, D. (1969). Interpersonal attraction, hostility, and perception. In J. Mills (Ed.), *Experimental social psychology* (pp. 3-10). Macmillan.

Bruch, M. (1954). An example of the use of psychodrama in the relieving of an acute symptom in a psychiatric children's clinic. *Group Psychotherapy, 63*(4), 216-221.

Cottrell, L. S., & Gallagher, R. (1941). *Developments in social psychology 1930-1940*. Beacon House.

Cramer-Azima, F. J. (1990). Moreno: A personal reflection. *Journal of Group Psychotherapy, Psychodrama and Sociometry, 42*(4), 222-224.

Dayton, T. (1994). *The drama within: Psychodrama and experiential therapy*. Health Communications.

Dayton, T. (2005). *The living stage: A step-by-step guide to psychodrama, sociometry, and group psychotherapy*. Health Communications.

Dreikurs, R., & Corsini, R. J. (1954). Twenty years of group psychotherapy. *American Journal of Psychiatry, 110*(8), 567-575.

Greenberg, I. A. (Ed.). (1974). *Psychodrama: Theory and therapy psychotherapy*. Grune and Stratton.

Goldman, E., & Morrison, D. S. (1984). *Psychodrama: Experience and process*. Kendell/Hunt Publishing Company.

Guldner, C. A. (Ed.). (1990). Integration of undergraduate and graduate education and training in group dynamics and psychodrama. *Journal of Group Psychotherapy, Psychodrama and Sociometry, 43*(2), 63-69.

Hale, A. E. (1985). *Conducting clinical sociometric explorations*. Royal Publishing Company.

Haskell, M. R, (1975). *Socioanalysis: Self direction via sociometry and psychodrama*. Role Training Associates of California.

Karp, M. (1994). The river of freedom. In P. Holmes, M. Karp, & M. Watson (Eds), *Innovations in theory and practice: Psychodrama since Moreno*. Routledge.

Karp, M., Holmes, P., & Tauvon, K. B. (1998). *The handbook of psychodrama*. Routledge.

Kellermann, P. F. (1991). An essay on the metascience of psychodrama. *Journal of Group Psychotherapy, Psychodrama and Sociometry, 44*(1), 19-32.

Kellermann, P. F. (1992). *Focus on psychodrama: The Therapeutic aspects of psychodrama*. Jessica kingsley-taylor & francis.

McAdams, D. P., & Ochberg, R. L. (Eds.). (1988). *Psychobiography and life narratives*. Duke University Press.

Miller, W. R. (1990). Researching the spiritual dimensions of alcohol and other drug problems. *Addiction, 93*, 979-990.

Moreno, J. L. (1920). *Das testaments des vater*. Gustav Kiepenheuer.

Moreno, J. L. (1923). The three branches of sociometry: A postscript. *Sociometry, 11*(1/2), 121-128.

Moreno, J. L. (1934). *Who shall survive? A New approach to the problem of human interrelations*. Nervous & mental disease publishing.

Moreno, J. L. (1937). *Interpersonal therapy and the psychopathology of interpersonal relations*. Sociometry.

Moreno, J. L. (1946 & 1977). *Psychodrama*. Beacon House.

Moreno, J. L. (1953). *Who shall survive?: A new approach to the problem of human interrelations*. Nervous and Mental Disease Publishing Company.

Moreno, J. L. (1960). *The sociometry reader*. Free Press.

Moreno, J. L. (1964). *Psychodrama* (Vol 1). Beacon House.

Moreno, J. L. (1965). Psychodramatic rules, techniques, and adjunctive methods. *Group psychotherapy, 18*(1-2), 73-86.

Moreno, J. L. (1967). *The psychodrama of Sigmund Freud*. Beacon House.

Moreno, J. L. (1972). *Psychodrama*. Beacon House.

Moreno, J. L. (1975). *An interview with Zerka T. Moreno Dean of training, the Moreno institute*. Beacon House.

Nolte. J. (1989). Remembering J. L. Moreno. *Journal of Group Psychotherapy, Psychodrama and Sociometry, 42*(3), 129-137.

Rabson, J. S. (1979). *Psychodrama: Theory and method.* University of Cape Town, Department of Sociology.

Remer, R. (1995). Strong sociometry: A definition. *Journal of Group Psychotherapy, Psychodrama and Sociometry, 48*(2), 69-74.

Roethlisberger, F. J., & Dickson, W. J. (1939). Management and the worker. Harvard University Press.

Salas, I. (1993). *Improvising real life: Personal story in playback theatre.* Kendall/Hunt Publishing Company.

Sasson, F. (1990). Psychodrama with adolescents: Management techniques that work. *Journal of Group Psychotherapy, Psychodrama and Sociometry, 43*(3), 121-127.

Schutz, W. (1971). *Here comes everybody.* Harper and Row.

Shaffer, J. B. P., & Galinsky, M. D. (1974). *Models of group therapy and sensitivity training.* Prentice-Hall.

Shoobs, N. E. (1956). Role-playing in the individual psychotherapy. *Journal of Individual Psychology, 20*(1), 84-89.

Sternberg, P., & Garcia, A. (1989). *Sociodrama: Who's in your Shoes?* Praeger.

Sahakian, W. S. (Ed). (1972). *Social psychology: Experimentation.* Harvard University Press.

Yalom, I. D. (1975). *The theory and practice of group psychotherapy.* Basic Books.

Zuretti, M. (1994). *Psychodrama since Moreno.* Routledge.

저자 소개

김주현(Kim Ju Hyun)

저자는 인간과 사회적 관계에 대해 지속적 관심을 가진 정신건강의학과 전문의이자 임상 사이코드라마 수퍼바이저이다. 순천향대학교 의과대학을 졸업하였고 사회적 환경이 인간과 질환에 끼치는 영향을 이해하고자 연세대학교 보건대학원에서 보건학(석사)을 다시 공부하였다. 임상에서 환자들을 진료하면서 사이코드라마 교육과 연구 그리고 치료 프로그램에 이르는 다양한 활동을 근 30년간 병행해 오고 있다. 한국임상예술학회 회장으로 봉사하면서 사이코드라마의 학문적 발전을 위한 초석을 놓았고, 한국에니어드라마연구원(KIEP)을 개원하여 임상 현장에서 능력을 발휘할 수 있는 임상 사이코드라마 디렉터(CPD)를 양성하고 있다. 또한 사이코드라마의 보급과 대중화를 위한 다양한 프로그램을 개발하고 적용해 나가고자 애쓰고 있다.

사이코드라마 ACTBOOK
참만남, 공감 그리고 잉여현실
PSYCHODRAMA ACTBOOK

2024년 2월 20일 1판 1쇄 인쇄
2024년 2월 25일 1판 1쇄 발행

지은이 • 김주현
펴낸이 • 김진환
펴낸곳 • ㈜ 학지사

　　　　　04031 서울특별시 마포구 양화로 15길 20 마인드월드빌딩
대표전화 • 02-330-5114　　팩스 • 02-324-2345
등록번호 • 제313-2006-000265호

홈페이지 • http://www.hakjisa.co.kr
인스타그램 • https://www.instagram.com/hakjisabook

ISBN 978-89-997-3085-6 93180

정가 18,000원

출판미디어기업 학지사

간호보건의학출판 **학지사메디컬** www.hakjisamd.co.kr
심리검사연구소 **인싸이트** www.inpsyt.co.kr
학술논문서비스 **뉴논문** www.newnonmun.com
교육연수원 **카운피아** www.counpia.com
대학교재전자책플랫폼 **캠퍼스북** www.campusbook.co.kr